09/07.2011

Ist der nette Junge von nebenan ein Mörder? Und warum hat der Auftragskiller keine Kinder? Die Geschichten und Reportagen in „Vielleicht nur Teilzeit" drehen sich um das Normale im Außergewöhnlichen und um das Außergewöhnliche in der Normalität. Combos Figuren sind Nachtwächter, Architektinnen, Bahnhofstricher, Teammemberinnen oder jugendliche Selbstmordpillenschlucker. Das Feingefühl des Kunst-Wrestlers trifft in „Vielleicht nur Teilzeit" auf die Melancholie eines Müllfahrers, während eine hochbegabte Seerobbe der Jugend erklärt, wieso sie sich nicht in die Realität flüchten soll. Im stetigen Wechsel der Perspektiven kann so plötzlich Banales bedeutsam, kann eine heimliche Untiefe plötzlich zur unheimlichen Tiefe werden, in der vielleicht eine seltsame Band in einem versenkten Landdisco-Dixieklo spielt.

Tom Combo ist Autor, Lohnarbeiter, Entertainer und Musiker. Er nahm erfolgreich an diversen Poetry Slams teil, veröffentlicht regelmäßig im Zürcher Tagesanzeiger und in der WoZ und steuerte diverse Beitrage zu Anthologien bei. Mit seiner Band „Rasen" veröffentlichte er die CD „Begleitendes Bauen", und zusammen mit der Gruppe „Milk&Vodka" verfasste er das Comic-Musical „Einmal noch Ahoi!" Er lebt in Winterthur.

Tom Combo

Vielleicht nur Teilzeit

Geschichten und Reportagen

Mit Illustrationen von Jim Avignon

Erste Auflage
Verbrecher Verlag, Berlin 2001
www.verbrecherei.de

Lektorat: Werner Labisch, Jörg Sundermeier
Illustrationen: Jim Avignnon
Gestaltung: Sarah Lamparter
Druck: Dressler, Berlin
Printed in Germany

ISBN 3-935843-05-4

Der Verlag dankt Simona Cruciani,
Verena Sarah Diehl, Monika Labisch,
María Teresa González Núñez und Martin Schlögl

Meine erste Gitarrenlehrerin war ein großer Peter Alexander-Fan, sie zeigte uns Gitarrenschülern einmal ein Peter Alexander-Foto mit Autogramm, das ihr eine Exschülerin geschenkt hatte, die an einem seiner Konzerte gewesen war und ihm erzählt hatte, dass meine Gitarrenlehrerin einige Stücke von ihm mit ihren Schülern spiele und sie auch in Kirchgemeindehäusern aufführe, und da adaptierte sie aus Freude über das signierte Foto das Stück 'die kleine Kneipe in unserer Strasse' für uns, allerdings mit einem anderen Text, weil sie Kneipenlieder nicht mochte, doch den Text habe ich vergessen, und er ist wohl verschollen für die Nachwelt, aber ich weiß, dass ich nicht die familiäre Anonymität suche, die Peter Alexander in seinem Lied besungen hat, ich will nicht dass man mich einfach nicht fragt, was ich bin oder habe. (Wenn ich allerdings Mörder, Folterer oder so wäre, würde ich schon wollen, dass man nicht weiß, was ich bin.) Dies ist mit ein Grund für dieses Buch. Ein anderer ist, dass ich mich immer mal wieder frage, ob das, was jetzt gerade passiert, Wirklichkeit ist, oder nur das, was ich mir vorstelle. Manchmal hab ich den Verdacht, dass sowieso alles ganz anders ist. Jedenfalls ist ein Buch etwas Gutes, weil das was darin steht auch noch nach einiger Zeit etwa so ist, wie es am Anfang war. Und noch was: Man soll bei Ebbe immer noch auslaufen können, auf die Wegelagerer aufpassen und sich jemanden halten, der einem (wenn nötig) den Weg freischießt. Und gute Handwerker kriegst du heute ohnehin nirgends mehr her. Und das Klischee in der Hand ist besser als die Wahrheit auf dem Dach.

Caroline lächelt zweimal Caroline hatte also einen Freund. Kein Grund, sich Sorgen zu machen. Ihre Mutter hatte sie aufgeklärt. Sie hatte damals in einer Art zugehört, die man am ehesten als wissenschaftliches Interesse hätte bezeichnen können. Ihre Mutter war jedenfalls sehr verwirrt gewesen, als sie ihr nach dem Vortrag eröffnet hatte, das sei ganz interessant, doch sie ziehe es vor, noch eine Weile zu warten, ja, eigentlich wolle sie als Jungfrau in die Ehe gehen.

Das Verhältnis mit dem Jungen hielt auch nur zwei Wochen, und bestand darin, dass sie sich Briefe schrieben, wobei sie nicht recht wussten, was sie sich außer den üblichen Liebesbezeugungen und den Auszügen aus bekannten Liebesliedern noch so schreiben sollten.

Kurt konnte ein paar Worte Englisch. Seine Briefe waren länger gewesen als diejenigen Carolines, da er ganze Songtexte nicht nur von der Plattenhülle abschreiben, sondern sie auch noch halbwegs übersetzen konnte.

Die Beziehung zerbrach, als Caroline merkte, dass das Hauptinteresse Kurts darin lag, Mädchen seine Plattensammlung zu zeigen, und sie dabei plötzlich zu umklammern und nicht mehr loszulassen. Dabei legte er jeweils den Kopf schräg auf die Schulter des Mädchens und sagte Mmmmmmmmmh. Nichts Schlimmes eigentlich, aber ziemlich unangenehm.

Caroline schrie jedenfalls überrascht auf, als Kurt, nachdem er ihr die Kopfhörer übergestülpt hatte, ebendies tat. Sie drehte sich ruckartig um und riss dabei den Stecker des Kopfhörers aus der Buchse. Ein ohrenbetäubender Lärm dröhnte aus den Boxen, sodass Kurt zur Stereoanlage stürzte und derart brüsk und tölpelhaft den Tonarm von der Platte riss, dass dieser ihm aus der Hand glitt, zurückfederte und aus jedem Song ein kleines Stückchen Charme herauspickte. Caroline packte ihre Sporttasche, rannte aus dem Zimmer, an Kurts Mutter vorbei, die gerade ins Zimmer hatte kommen wollen, um nachzuschauen, woher der Lärm kam, und verließ für immer die Wohnung.

Caroline dachte, dass sie auch ihr ganzes Leben lang Jungfrau bleiben konnte, wenn sie das wollte.

Während einer Weile passierte nichts, außer dass sie hin und wieder Menstruationsprobleme hatte, in die Stadt ging, Poster von indischen Kindern an die Wand klebte und ein wenig Schlittschuh lief.

Caroline war schön. Und dass sie sich, abgesehen von der kurzen Freundschaft mit Kurt, weder an Klassenfeten noch an Ausflügen mit Jungen abgab, ließ sie in deren Augen noch schöner erscheinen.

Die Jungs prügelten sich vor ihren Augen. Caroline interessierte das nicht.

Jan war einer derjenigen Jungen gewesen, die sich nicht vor ihren Augen geprügelt hatten. Er wartete ab. Das heißt, er tat eigentlich nichts, aber die andern dachten, er würde abwarten.

Jan war einfach da. Er strahlte Stille aus und trug ein hübsches Stück Ewigkeit in sich. Immer wenn ihm das Leben ein wenig zu nahe kam, wich er zurück, und jedes Mal, wenn ihn das Schicksal überrollen wollte, trat er zur Seite und ließ es vorbei, so wie er es in der Turnstunde mit allzu scharf geschossenen Bällen zu tun pflegte, ohne Hast, rechtzeitig und ohne viel Aufsehen, so dass der Schütze glaubte, er hätte einfach danebengeschossen.

Niemand würde je verstehen, warum sich Caroline einen absoluten Niemand wie Jan aussuchte, und dies nicht, um zum Spaß für eine paar Tage mit ihm zu gehen, nein, endgültig. Mal angenommen, Jan wäre ein Pferd gewesen, so müsste derjenige, welcher auf ihn gesetzt hätte, so verzweifelt gewesen sein, dass er mit einer Pistole, mit der er sich hätte erschießen können, weit besser bedient gewesen wäre als mit einem Wettschein. Jan war kein Pferd, das lahmte, das falsches Futter gekriegt hatte, das schlecht trainiert worden war, sondern ein Pferd, das überhaupt nicht lief, das noch nicht mal ein Pferd war, noch nicht mal ein Stallbursche, höchstens noch ein Stofftierchen, wie es bei einem Fußballspiel manchmal im Tor sitzt.

Als Jan und Caroline jedenfalls das erste Mal zusammen Hand in Hand im Schulhaus auftauchten, standen die andern mit offenen Mund da.

In ungewohnter Einstimmigkeit beschlossen ein paar von ihnen nach ein paar Tagen, gemeinsam zur Siedlung zu gehen, in der Caroline wohnte, und sie nach dem Grund für ihre Entscheidung zu fragen. Sie klingelten unten an der Haustür. Eine Balkontür im dritten Geschoss ging auf und Caroline schaute über die Brüstung. Die Jungen schauten hoch. Ein Wort stand in ihren Gesichtern geschrieben: Warum.

Caroline lächelte.

Dann ging sie zurück in die Wohnung wo Jan stand, der in dem seidenen Bademantel und den Filzpantoffeln von Carolines Vater richtig niedlich aussah.

Caroline lächelte noch mal.

ENDZEIT Auf der Getränkekarte eines Lokals in der Stadt in der ich wohne steht: „Guten Morgen Winterthur, wir wünschen unseren Gästen einen wertvollen Tag."

Es kommt wahrscheinlich oft vor, dass eine Stadt in der Nähe einer andern liegt und etwas kleiner ist als sie. Etwas unbedeutender vielleicht auch. Oder eigentlich auch ganz uninteressant. Und es kommt auch oft vor, dass die Einwohner dieser Stadt darüber nicht ganz glücklich sind. So unglücklich wie wir hier allerdings sind sie nur selten.

Winterthur gehört Zürich seit 1467, als die Habsburger, die damaligen Besitzer, die hochverschuldete Stadt für 10.000 Gulden verpfändeten. Das Pfand besteht heute noch und könnte – rein theoretisch, und gäbe es da nicht noch ein paar staatspolitische Hindernisse – vom aktuellen Habsburger eingelöst werden, was wahrscheinlich ziemlich vielen Leuten hier noch so recht wäre.

Nicht zuletzt, um Zürich eins auszuwischen, engagierte sich Winterthur im letzten Jahrhundert für ein Projekt der Nationalbahn, und zwar für die Strecke Winterthur-Baden-Lenzburg-Zofingen. Selbstverständlich unter Umfahrung von Zürich. Doch wurde daraus ein finanzielles Fiasko. Die Stadt stand vor dem Ruin, und nur Zürcher Kantonsgelder retteten es davor. Die Letzte Rate der Schuld wurde am 1. Mai 1935 bezahlt. Was für eine Schmach.

Dann passierte eine Weile lang nichts.

In den Neunzigern des letzten Jahrhunderts startete eine hiesige Firma nochmals den Versuch, die Stellung Winterthurs zu verbessern. Es handelte es sich dabei um eine Versicherung, die es satt hatte, für die Unfälle ihrer ewig depressiven und deswegen oft betrunkenen Kundschaft aufzukommen. Sie lud den Golfkriegsfeldherr Schwarzkopf zu einem Vortrag ein. Schwarzkopf hatte gegen Saddam gekämpft und Saddam ist ja gleich Hitler. Und Winterthurer mögen Hitler fast so wenig wie Zürcher. Schwarzkopf war ganz angetan davon, dass die Polizei die Teilnehmer einer Anti-Schwarzkopf-Demo mit Wasserwerfern durch die Haupteinkaufsader der Stadt trieb und ebenso viele Konsumwillige anspritzte wie der General Zivilisten auf dem Gewissen hatte. Doch blieb es bei einem Lächeln von Seiten Schwarzkopfs. Jedenfalls ließ er sich nicht breitschlagen, hier zu bleiben und Winterthur von der Vorstadt von Zürich zur Vormachtsstadt zu machen.

Zürich hat einen reichen Autohändler, der einen Nationalliga A-Eishockeyclub finanziert. Winterthur hat ebenfalls einen reichen Autohändler, der aber nicht so reich ist wie der Zürcher Autohändler und er unterstützt auch nur einen National-Liga B-Fussballclub. Das will aber nicht heißen, dass der hiesige Autohändler nicht auch einiges zu bieten hätte. In einem Interview bemerkte er einmal, auf den kranken Wald angesprochen: „Ich bin auch krank. Alles stirbt einmal." Ein Satz, wie ihn nur ein von Depressionen geplagter, also typischer Winterthurer sagen kann. Der Erfolg des Autohändlers gründet angeblich nicht zuletzt darauf, dass er als junger Mann an der Strasse gestanden und sich die Nummern von alten Autos notiert hatte, um darauf die Besitzer ausfindig zu machen und sie zum Kauf eines Neu-wagens zu überreden.

„Scheiße", sagte kürzlich ein Typ am Ende der Bar in der kleinen Kneipe, wo sie die Speisekarte haben, auf der „Guten Morgen Winterthur" steht, „wenn wir Einstein nicht rausgeschmissen hätten, hätten wir jetzt die Atombombe." Und er hatte damit nicht ganz unrecht. Jeder, der einmal eine Biographie Einsteins gelesen hat, weiß, dass der Physiker 1901, nachdem er in Zürich nie ganz glücklich geworden war, hierher kam und am Technikum eine Stelle als Hilfslehrer antrat. The Father of the Bomb hier in dieser Stadt, ... Imagine! Doch was passiert? Einstein geht nach Schaffhausen. Die Stelle sei befristet gewesen, heißt es offiziell. Doch es ist klar, Einstein musste gehen, er war einfach zu intelligent für diese Stadt.

„Wenn das so ist", dachte der junge Hilfslehrer, als er auf den breiten Steinstufen des Technikumplatzes saß, „dann mache ich meine Bombe eben woanders." Dann nahm er den Zug und fuhr nach Schaffhausen. (Dort baute er sie allerdings auch nicht.)

Während die Anwesenheit des Atombombenherstellers Nummer eins am Wirtschaftsstandort Nummer zwei des Kantons Zürich bekannt ist, wissen die wenigsten Leute, dass Benito Mussolini in Winterthur Maurer war, bevor er Duce wurde. Mussolini hielt sich von 1902 bis 1904 in der Schweiz auf und arbeitete als Hilfsmetzger und Bauarbeiter. Wahrscheinlich hat er gedacht, dass er die hier erworbenen Fähigkeiten später mal brauchen könnte. Und tatsächlich, ein paar Gebäude Roms, die während seiner Regierungszeit entstanden sind, scheinen durchaus von den klassizistischen Bauten in Winterthur inspiriert zu sein. Ein Stein in einer Winterthurer Schulhausmauer soll sogar die Initialen Mussolinis tragen. Damit lässt sich erklären, warum während des zweiten Weltkriegs viele Winterthurer Mussolini gar nicht mal so übel fanden. Ducetum hin oder her, wer in der Schweiz, im Lande Pestalozzis, und noch dazu in Winterthur, Schulhäuser baut, kann einfach nicht ganz schlecht sein.

Wenn ich mir die Notizen aus dem Geschichtsunterricht, den ich in einem klassizistischen Gebäude genossen habe, so ansehe, steht da bei Hitler: „... arbeitete als Maler (Flachmaler!)“, und ein wenig weiter hinten: „Mussolini, Maurer (in Winterthur!)“. Hitler hätte sicher keine Schulhauswände in Winterthur bemalt. Hitler hätten sie in Winterthur auch nicht malen und schon gar keine Bilder ausstellen lassen. Denn immerhin ist Winterthur das Florenz der Schweiz, wie eine Bundesrätin kürzlich sagte. Soviel zur Lage der Kunst in der Schweiz.

Tatsächlich war derselbe Professor, der maßgeblich am Rausschmiss Einsteins beteiligt gewesen war, auch dafür verantwortlich, dass der junge Benito nach kurzer Zeit Winterthur wieder verließ. Der zu jener Zeit durch den sich abzeichnenden Erfolg des ehemaligen Hilfslehrers Einstein vergrämte Mann stellte nämlich fest, dass der italienische Schulhausmaurer nicht nur flammende und zu jener Zeit noch kommunistische Reden hielt – übrigens unter anderem im bis heute einzigen Alternativ-Lokal Winterthurs, dem „Widder“ – sondern auch noch ständig seine Nichte anbaggerte, die er doch mit einem Spross der Reinharts, eines bis heute einflussreichen Geschlechts der Stadt, hatte verkuppeln wollen. „Dir werde ich es zeigen, meine Nichte anzumachen!“ rief der Professor zum Gerüst hinauf, auf dem Benito mauerte. Benito stieg herunter, ging auf den Mann zu, warf ihm die Maurerkelle vor die Füsse und sagte: „Wenn das so ist, dann werd ich eben woanders Duce." Und mit einem locker hingeklatschten „que cittá di merda" verliess er Winterthur. In weniger als drei Jahren hatte die Stadt zwei historische Chancen verpasst. Mit Einstein war einer gegangen, der die Atombombe hätten bauen können, und mit Mussolini einer, der sie vielleicht verwendet hätte.

„Scheiße", wiederholte der Typ am Ende der Bar nun schon zum fünften Mal, „wenn wir Einstein nicht rausgeschmissen hätten, hätten wir jetzt die Atombombe." Ich nahm meinen ganzen Mut zusammen, denn der Typ war ganz schön wütend darüber, dass Winterthur keine Atombombe hat, und fragte ihn: „Und was hättest du damit gemacht" „Auf Zürich geworfen."

DER MORD Jens hielt sich zuhause hauptsächlich in seinem Zimmer auf. Er machte Schulaufgaben, hörte Radio, zeichnete irgendwelche Figürchen, die miteinander irgendwelche Dinge anstellten, oder er unterhielt sich mit jemandem, der neben ihm saß. Meist unterhielten sie sich in Gedanken, aber hin und wieder hörte seine Mutter auch Stimmen aus dem Kinderzimmer dringen. Sie maß dem aber nicht allzu viel Beachtung bei.

Manchmal ging er nachts ins Wohnzimmer und blickte auf seinen Vater, der schnarchend vor dem weiß rauschenden Fernseher saß. Der Geruch, der entsteht, wenn Erwachsene schlafen, hing im Raum, während das Schnarchen, Atmen und Rauschen sich zu einem einzigen Geräusch verdichteten. Jens schaute auf das Geriesel am Bildschirm und gesellte sich zu den Silhouetten, die sich darauf bewegten.

Wenn Jens jeweils nachts vor dem Fernseher stand, in

Erwachsenengeruch, zwischen Schnarchen, Rauschen und Rieseln, blieben Fragen offen.

Eine davon war, warum an seinem Geburtstag plötzlich dieser Onkel da im Türrahmen gestanden hatte.

Der Onkel war eingetreten, hatte gegrinst und dem Jungen ein Paket überreicht.

Jens wusste nicht, was er sagen sollte, er hatte den Onkel schon eine ganze Weile nicht mehr gesehen, und er wusste auch nicht, warum er plötzlich ein Geschenk von ihm bekam.

Auf die wiederholten Aufforderungen seiner Mutter packte er das Geschenk aus. Ein Geigenkoffer kam zum Vorschein. In diesem Moment zog der Onkel aus dem Futteral seines Mantels einen Bogen und ging in En Garde-Stellung.

Jens lächelte gequält und sagte etwas, das ein Dankeschön hätte sein sollen. Die Eltern und der Onkel lachten über ihn, seine Mutter strich ihm über das Haar und sagte, „Siehst Du, wie er sich freut.“ Der Onkel nickte stumm und reichte dem Jungen den Bogen.

Es folgte eine Zeit, die für niemanden sehr angenehm war. Vater Hauser sah sich um die ruhigen Feierabendstunden betrogen. Mutter fragte sich, warum ihr Mann immer so mürrisch war. Doch am meisten litt Herr Bauer, der Musiklehrer. Das einzig besondere an seinem Schüler war seine absolute Talentlosigkeit.

Bauer drehte sich nach kurzem Gruß jeweils um und schaute zum Fenster hinaus, wenn Jens hereingekommen war und unbeholfene Stimmversuche unternahm.

Er starrte schon seit dem Frühling aus dem Fenster, als er es endgültig aufgegeben hatte, seinem Schüler ein auch nur annähernd passables Musikverständnis beizubringen. Einen Sommer lang hatte er dabei überlegt, wie er den Hausers beibringen sollte, dass sie ihr sauer verdientes Geld zum Fenster hinauswarfen. Doch je länger er damit gewartet hatte, desto unmöglicher war ihm dies erschienen.

Jedes Mal, wenn er Mutter Hauser traf, bedankte sie sich herzlich dafür, dass er ihren Sohn so gut unterstütze und dass sie das Geld für die Stunden keineswegs reue, „Wissen Sie, Herr Professor, man arbeitet zwar hart dafür, aber…“ Eines war klar: die Wahrheit würde eine tiefe Kerbe in das Holz schlagen, aus dem die Hausers geschnitzt waren.

Im Frühling, immer am Mittwochnachmittag beobachtete Bauer daher das Grünen des Ahorns vor dem Fenster, und wie das Leben im kleinen Park, der an sein Haus grenzte erwachte. Je länger das Jahr dauerte, entstand darin ein Reigen üppiger Düfte, leuchtender Blumen, singender Vögel, spielender Kinder, flanierender Paare und Träumer, so dass Bauer zuweilen seinen Schüler beinahe vergaß.

Doch nun im Herbst erlahmte das Leben im kleinen Park wieder und immer eindringlicher riefen die Misstöne das Problem in Erinnerung, das hinter ihm im Zimmer stand.

Obwohl es schon kühl war draußen, war das Fenster, an dem Bauer stand, noch immer offen, und während Jens die ersten Töne einer leichten Etüde zu greifen versuchte, folgten Bauers Augen, die in den dicken Brillengläsern fast zu ertrinken schienen, der Drossel, die fröhliche Schleifen durch die Luft zog, um sich schließlich auf einem dünnen Zweig im lichten Geäst des Ahorns niederzulassen, auf einen Ast der heftig ins Wanken geriet und einen Grossteil seiner spärlichen

Bekleidung abwarf. Mit schräg gehaltenem Kopf verfolgte die Drossel die Blätter, die gleichmütig zur Erde schaukelten, wo sie nach kurzer Ruhe von den im Park herumirrenden Winden wieder aufgehoben, geschaukelt und gewendet, getragen und wieder fallengelassen wurden.

Die Blicke des Lehrers wiegten auf den Wellen des Blättersees hin und her und seine Gedanken versanken in dessen sanften Strudeln.

Innerlich pfiff er eine Sonate, fröhlich und so laut wie es nur ging, um sich der Klänge hinter ihm zu erwehren, die von ungelenken Fingern ergriffen, von zittrigem Bogen gezogen, krumme unbarmherzige Linien erzeugten, Linien, die nicht dem Lauf der Etüde folgten, sondern in ihrer Knorrigkeit und in ihrer Sprödigkeit den dürren Ästen des Ahorns glichen, die die Drossel auf der Suche nach wärmeren Tagen verließ, indem sie sich in einem Wirrwarr aus Schleifen und Schlingen den ertrinkenden Blicken des Lehrers entwand.

Bauer knackte mit den Knöcheln, die Hände hinter dem Rücken ineinander gekrallt. Jens schaute gebannt auf die langen, dünnen Finger, wie sie ihr Spiel mit dem Blut trieben, das bald hier, bald dort purpurrot erschien und geradezu aus der Haut zu quellen drohte, während andere Stellen elfenbeinfarben von dessen Abwesenheit zeugten.

Und dazu ausgerenkt, eingerenkt, ausgerenkt eingerenkt, knack, knack.

Von Zeit zu Zeit fuhr er mit weit gespreizten Fingern durch sein dichtes graues Haar, und wenn ihn ein besonders misslungener Ton erreichte, bog er sie instinktiv und griff vor Schmerz tief hinein in seine Frisur, zog dann seine Hand zurück und ließ es gräulich zwischen den Fingern hervorquellen.

Jens hatte aufgehört zu spielen und verharrte bewegungslos, den Bogen in der Luft und die Augen starr auf Bauer gerichtet, der mit Schweißperlen auf der Stirn begann, den Kopf zu verrenken, während er zuckend eine Hand an die Gurgel führte, um die rote Krawatte zu lockern und den obersten Kopf seines grüngelb karierten Hemdes zu öffnen. Doch er kam nicht mehr dazu.

Jens ließ Geige und Bogen sinken.

Obwohl seine Hände etwas zitterten, als er den Bogen entspannte und ihn zur Geige in den Koffer legte, so tat er es doch mit der ihm eigenen Gemächlichkeit und Sorgfalt.

DISZIPLIN UND LEBENSSINN Bobby ist Bob Marley-Fan, deshalb hat er dieses Pseudonym gewählt. Während der Lehre hatte er mit Folienrauchen angefangen. Seine Freundin hat gedrückt. Irgendwann hat Bobby auch gedrückt. Er hat die Lehre als Autolackierer vier Mal abgebrochen. Der Sohn des Chefs, der ihn dreimal wieder aufgenommen hatte, ist an der Sucht gestorben. Für Bobby war klar: Trotz Drogensucht kein Diebstahl. Er könne keinen alten Omas die Tasche entreissen. Irgendwann hat er gehört, dass man auf dem Strich viel Geld verdienen kann, er ist mit einem Freund mitgegangen und hat seinen ersten Freier gemacht.

Das war vor fünf Jahren.

Ich sitze mit ihm in der „Arkade" am Hauptbahnhof Zürich. Er überlegt jeweils nicht lange und antwortet schnell auf meine Fragen. Heute geht es ihm schlechter als vor fünf Jahren. Dennoch will er im Moment keinen Entzug machen.

Er sei noch nicht bereit dazu. Das hat er bei den letzten fünf Entzügen schon gemerkt. Er ist vom Heroinabgabeprogramm ausgeschlossen worden, weil er zusätzlich Kokain genommen hat. Seine Freundin ist auch auf dem Bahnhof. Wenn er kein Geld für Heroin und Kokain bräuchte, ginge er nicht auf den Strich. „Und wenn du dir irgendetwas kaufen wolltest, das du dir sonst nicht leisten könntest?“ „Doch, dann schon auch.“

Am Anfang ekelte er sich von den Freiern, jetzt nicht mehr. Onanieren und Oralverkehr. Ein Freier habe mal gemeint, so wie er blase, sei er sicher schwul. Doch Bobby betont: „Man lernt zwar dazu und ich hab Fähigkeiten, aber keine Bedürfnisse auf dem Gebiet.“ Küssen mag er nicht. „Das mache ich mit meiner Freundin.“

Bobby steht in der Regel am Mittag auf, isst und geht zum Bahnhof. Zwölf bis vier läuft nicht allzu viel, ausser manchmal die Geschäftsmänner am Mittag. Um 22.30 Uhr geht er wieder. Außer Mittwochs, wenn die Kunden meist wegbleiben, weil dann oft Fußballspiele sind. „Im Moment kann ich von Glück reden, wenn ich noch einen Freier pro Tag habe.“ Die Polizei hat kürzlich eine Herbstoffensive gestartet. Wie in den Sommerferien: „Wegen der Touristen.“ Bobby hat das Prozedere auch schon hinter sich gebracht: Personenkontrolle, Zelle, Ausziehen, wenn nichts vorliegt: Rückführungszentrum, und schließlich zurück in die Gemeinde.

Der übliche Kontakt mit einem Freier am Bahnhof läuft etwa folgendermaßen ab: Blinzeln, dem Freier folgen, außerhalb des Bahnhofs über den Preis verhandeln und dann zu ihm nach Hause, in die Sauna, ins Klo oder in den Wagen. Dauer: 10 Min. bis etwa eine halbe Stunde. „Die Freier hier wollen harte

Typen", sagt Bobby. Er musste auch schon einen mit dem Gürtel schlagen. „Der Kunde ist König, sage ich immer ..."

Am Bahnhof anzuschaffen ist illegal, weil er außerhalb der Strichzone liegt. Wenn man nicht allzu auffällig anschafft, gibt es jedoch keine Probleme. Aber warum kommen Freier überhaupt hierher? „Es gibt viele, die Schweizer wollen. In den Bars sind mehr die Ausländer. Wenn es regnet, ist in den Parks nicht viel los, und Saunas kosten mehr. Hier geht's schnell und es ist anonym."

Und gibt es auch einen Reiz, auf den Strich zu gehen? Bobby bejaht. Der Bahnhof, das Milieu, die Freunde. Es gebe auch sympathische Freier, sagt er, zum Beispiel den Jungen, dessen Beziehung kaputtgegangen war und der deswegen hier hergekommen sei. Aber eine Beziehung mit einem Stricher funktioniere halt nicht. „Hat dich denn noch nie ein Freier bei sich aufgenommen?" „Doch schon." „Und hat das funktioniert". „Ja, wenn alles abgemacht war. Für Sex hat er immer noch bezahlt."

Hat er auch schon mal was auf die Seite gebracht? „Ja, der Rekord ist zweihundert Franken, drei Tage lang." Vor einem halben Jahr fuhr Bobbys Großmutter, bei der er aufgewachsen ist, ihn zu einem Entzug. Er blieb nicht dort, sondern ging zurück zum Bahnhof. Dann hat ihn seine Großmutter rausgeworfen. Er solle sich doch ein Zimmer von seinen Freiern bezahlen lassen. Bobby versteht sie.

Es ist ziemlich überraschend, wie souverän Bobby antwortet. Er diktiert die Geschwindigkeit des Gesprächs. Genauso souverän bewegt er sich im Shopville, das heißt, in dem Bereich, in welchem er den Freiern auffallen muss, für die

Polizisten aber als Sexworker nicht greifbar sein darf. Immerhin ist er seit drei Jahren auf Bewährung. Drei Jahre, in denen er trotz Strich und Droge nicht hinter Gitter gewandert ist. Wie schafft man das? „Disziplin.“

Bobby ging nicht besonders gern zur Schule. Hin und wieder geht er heute in sein ehemaliges Schulhaus und bläst einem Lehrer eins, einen Stock unter seinem ehemaligen Klassenzimmer.

Später treffe ich Pierce LaTex in seiner Wohnung, wo er ein SM-Studio betreibt. Pierce sieht zwar keine direkte Hierarchie zwischen seiner Arbeit und derjenigen des Strichers: „Wir sind alle Sexworker. ...Wie Verkäufer, die einen haben ihren Laden, die andern verkaufen auf der Strasse.“ Aber er hat im Gegensatz etwa zu Bobby Geld auf der Seite, was mich deshalb wundert, weil er äußerlich doch eher der Punk ist. Ich frage ihn, ob das denn nicht schon ein fast bürgerlicher Zug an ihm ist. „Nicht alles, was bequem ist, ist automatisch auch spießig“, gibt er zur Antwort. Tatsächlich gibt er Sexworkern den Rat, sich als das, was sie sind, möglichst innerhalb der Legalität zu bewegen. Wichtig sei zum Beispiel, einen Arzt ins Vertrauen zu ziehen: „Das ist sehr bequem, ich kann ihn alles fragen, er weiß, was ich mache, und worauf es ankommt.“ Allerdings ist Prostituierter kein anerkannter und sozial abgesicherter Beruf. Um sich also überhaupt krankenversichern zu können, muss sich ein Sexworker einen offiziellen Status wie zum Beispiel Masseur zulegen.

Wie Bobby frage ich auch Pierce nach dem Reiz seines Berufes. „Ich arbeite gern mit Sex. Ich habe immer gern mit meinem Körper gearbeitet. Mein Körper ist mein Gesamtkunstwerk." In seiner Arbeit sei viel Schauspielerisches. Wiederspiegeln die Rollenspiele, die er mit seinen Kunden macht, auch gesellschaftliche Realität? Er weiß es nicht. Aber Erniedrigungen seien im Moment sehr gefragt. Körperlich, aber auch Psychoterror, jemanden fertigmachen. Außerdem gebe es einen Trend hin zum Schmutzigen. Davon zeugt etwa die Tatsache, dass Pierce Urin vorproduzieren muss. Und was braucht es, um in dem Geschäft zu überleben? Pierces Antwort kommt schnell und mit einem Lächeln: „Einen Lebenssinn."

UNSTERBLICH VERLIEBT Niemand betritt den Ring wie Schlüter. Die Seile scheinen für ihn überhaupt nicht zu existieren. Er geht einfach durch sie hindurch. Er begibt sich in seine Ecke, macht ein paar Trippelschritte und hebt die Arme, um sich von der Menge feiern zu lassen.

Feuermann, sein Gegner, wirkt da schon schwerfälliger. Aber das ist auch kein Wunder, denn Feuermann ist Impressionist.

Gleich nach dem Ertönen des ersten Gongs läuft Feuermann geradewegs in einen Schlüterschen Hammer und geht halb bewusstlos zu Boden. Schlüter lässt sich nicht lange bitten und tut, was von ihm erwartet wird. Mit zwei Fingern langt er ins Blut, das aus Feuermanns Nase quillt und lässt auf dessen Brust eine flüchtige Landschaft entstehen. Die Leute im Publikum jubeln und kreischen oder nicken wissend, den Kopf zwischen Daumen und Zeigefinger.

Doch Feuermann hat noch nicht aufgegeben. Blitzartig greift er mit der Rechten in das Geschehen ein und setzt – ganz

Impressionist – einen Klecks ins rote Weizenfeld, der in seiner Form an eine großbürgerliche Familie auf einem Sonntagsspaziergang im Juli erinnert.

Das war ein Tiefschlag gewesen, und die Menge buht unisono. Schlüter, das Vorbild so vieler Menschen, verzieht sich tief gedemütigt in seine Ecke.

Schlüter schmollt.

Auch das will gelernt sein.

Doch plötzlich füllen sich seine Augen mit Feuer, Schlüter erhebt sich, sein Körper beginnt zu vibrieren, und er stürzt sich mit einem tiefen und vollen Schrei auf Feuermann, der dem Publikum seine Brust und eine lange Nase zeigt.

Schlüter verwandelt den Ring in ein Schlachtfeld aus dampfendem Schweiß und Blut. Schreie sind zu hören, laut und herzzerreißend, dann ein immer leiser werdendes Gewimmer. Als es schließlich ganz still geworden ist, setzt Schlüter, der Feuermanns Körper in ein infernalisches Triptychon verwandelt hat, zu seinem ebenso berühmten wie gefürchteten Ruf an: WAS SOLL WERDEN, WAS SOLL WERDEN ...?!

WAS SOLL WERDEN ...?! ist der sublime Wahlspruch eines unerbittlichen Kämpfers, der sich nichts gönnt und täglich über sich hinauswächst. Schlüter ist derart über sich hinausgewachsen, dass er beinahe unbesiegbar ist.

Eigentlich ist Schlüter unbesiegbar.

Und Schlüter ist unsterblich.

Nachdem jedoch der Beifall des Publikums verstummt ist und die Scheinwerfer nur noch schwach glimmen, befällt Schlüter oft ein Gefühl der Melancholie.

Wozu soll das alles gut sein.

An diesem Abend macht er einen langen, einsamen Spaziergang durch die dunkelsten Viertel der Stadt, um schließlich wie durch ein Wunder im Hotel vor seiner Suite anzukommen. Schon oft ist er gefragt worden, warum er im Hotel und nicht in seiner Villa wohne. Er fühlt sich oft heimatlos. Das ist im Hotel weniger schlimm als zuhause.

Bevor er seine Suite betritt, grüßt er die Landschaftsmalerin aus der Suite nebenan, die auf dem Flur steht und raucht.

Schlüter hatte einen Zimmerkellner beauftragt, ihn ein wenig zu unterhalten, indem er ihm hin und wieder einen Drink mit Gift serviert oder ihm heimlich einen hochgiftigen Fisch ins Badewasser kippt. Der Kellner hat sich zwar alle Mühe gegeben, aber die Späße sind wegen Schlüters Unsterblichkeit bald langweilig geworden.

Er stößt den Kellner jedenfalls an diesem Abend leicht gereizt zur Seite, nachdem dieser ihn hinterrücks mit einem Messer durchbohrt hat.

Schlüter ist verstimmt. Er hat Liebeskummer. Er mag heute noch nicht mal das Hammelrennen schauen. Seine Verlobte Safrangelb hat ihn verlassen. Safrangelb war ein Topmodel, bis sie von einem betrunkenem Taxifahrer angefahren wurde. Seither ist sie Tetraplegikerin. Safrangelb und Schlüter lernten sich auf einer Wohltätigkeitsveranstaltung für Parkinsonkranke kennen. Safrangelb hatte ein mundgemaltes Bild für die Versteigerung zur Verfügung gestellt und Schlüter die Planken des Ringes angeschleppt, in welchem er den legendären Dafoe geschlagen hatte.

Es war Liebe auf den ersten Blick gewesen.

Und nun ist sie einfach auf und davon, ohne ihm eine Nachricht zu hinterlassen. Und das nach allem, was er für sie getan hat. Aber das ist vielleicht gerade das Problem, denkt Schlüter, der sich auf sein großes Bett gelegt hat. Vielleicht habe ich sie zu sehr bevormundet, vielleicht hätte sie viel mehr selbst tun wollen. Vielleicht …

Da hilft es auch nichts, dass er unsterblich ist. Der Weggang Safrangelbs hat ihn tief in seinem Farbempfinden getroffen.

Morgen muss er gegen den Schaufensterdekorateur antreten. Und man hat Schlüter wissen lassen, dass er den Kampf verlieren müsse. Er verliert nicht gerne, verlieren ist viel schwieriger als gewinnen. Wenn er verloren hat, ist er immer deprimiert, auch wenn alles nur eine abgekartete Sache gewesen ist. Sehnsüchtig denkt er an Safrangelb, und wie sie ihn nach einer Niederlage jeweils getröstet hat.

In diesem Moment läutet das Telefon. Schlüter schaut misstrauisch zum Hörer hinüber. Wahrscheinlich die Leute vom Komitee. Er verspürt keinerlei Lust, mit ihnen den morgigen Kampf abzusprechen. Schließlich geht er aber doch an den Apparat. Es ist Safrangelb. Ihm fällt ein Stein vom Herzen. Endlich kann er ihr sagen, dass er sie liebt und nicht bevormunden will. Er will eben, dass sie immer glücklich ist, aber er hat vergessen, dass sie ihr Leben selbst in die Hand nehmen will. Safrangelb schweigt lange, dann ertönt endlich ihre sanfte Stimme. Manchmal, sagt sie langsam, sei es eben nötig, dass man unglücklich sei, um richtig glücklich zu sein. Und manchmal gehe ihr eben auch seine ewige Unsterblichkeit auf den Keks. Sie habe es zwar als Künstlerin mit dem Mund weiter gebracht als viele andere mit den Händen, aber von Zeit zu Zeit denke sie eben doch ein wenig wehmütig an ihr Leben als Topmodel zurück, besonders, wenn sie angefragt werde, ob sie nicht Lust habe, an- und ausziehfreundliche Behindertenmode vorzuführen …

Schlüter unterbricht sie. Er will doch …

In der Leitung ist ein Keuchen zu hören. Die Landschaftsmalerin von der Suite nebenan benützt aus Kostengründen Schlüters Leitung mit, was manchmal ein wenig ärgerlich ist. Sie bekommt oft obszöne Anrufe. Safrangelb weiß das zum guten Glück und wartet geduldig, bis das Keuchen etwas leiser geworden ist. Dann sagt sie zu Schlüter, sie wisse nicht, ob das mit ihnen funktionieren könne, aber sie liebe ihn trotzdem.

Ich liebe dich auch, sagt Schlüter.

Jeder macht mal einen Fehler, sagt Safrangelb nach einer Weile.

HÖR BLOSS AUF ZU KEUCHEN, DU ARSCHKOPF! sagt die Landschaftsmalerin in der Suite nebenan.

WOK, DIE ROBBE Viele Leute denken, das Leben heutzutage sei kompliziert. Doch das Gegenteil ist der Fall: Will man weniger schnell altern, fliegt man mit Lichtgeschwindigkeit durchs All, und will man mehr als nur zehn Prozent seiner Potenz nutzen, geht man zu Scientology. So einfach ist das. Damit sich auch die Leser dieses Buches besser in dieser Welt zurechtfinden, erscheinen darin auch einige Episoden über das moderne Leben, über das einfache und sinnerfüllte Leben, über ein Leben im Einklang mit der Natur, über das Leben von

Wok, der Robbe. Und weil unsere Kinder die Zukunft dieser Erde sind, richtet sich diese Geschichte nicht zuletzt auch an sie. Also, Kinder, genug geschimpft darüber, dass der Fernseher plombiert wurde, Mama schon wieder Exorzismen durchführt und Papa unausstehlich ist, seit er knapp den grünen Gürtel der Tantra-Massage verfehlt hat! Hier kommt Wok, die Superrobbe!

Wok wuchs in Grönland auf. Er war kräftig und seine Hautfarbe war von einem frischen und gesunden Braungrau mit lustigen hellgrauen Tupfern. Wie alle Robben hatte Wok im Robbenkatechismus gelernt, dass alles gut ist, solange es noch Luft, Wasser und Fisch gibt. Dies war eigentlich der einzige Spruch des Robbenkatechismus, und hätte ihn Wok beherzigt, wäre er eine ganz normale Robbe geblieben, hätte Fische gefangen, Ball gespielt und wäre vielleicht irgendwann ins Kinderfernsehen gekommen. Aber Wok war eine ganz besondere Robbe. Der Grund dafür war ein traumatisches Erlebnis in seiner Kindheit: Seine Cousine nämlich war von Robbenfängern erschlagen worden und sein halbblinder Vater hatte genau in dem Moment in die Schraube eines Schlauchbootmotors gebissen, als die Umweltschützer, welche sich auf die Verfolgung der Robbenfänger hatten machen wollen, diesen gestartet hatten. Dass die Umweltschützer sich nachher bei der Sippe entschuldigt und auch Kerzen angezündet hatten, hatte Wok eigentlich ganz nett gefunden. Bisher hatte das ja kaum jemand gemacht. Nur das eine oder andere Supermodel war von Zeit zu Zeit vorbeigekommen, wenn es gerade zum Buddismus, Hinduismus oder Antialkoholismus übergetreten war, und hatte sich bei jedem entschuldigt, der je unter ihm hatte leiden müssen. Doch trotz der Kerzen (die man ja nicht essen konnte) hatte Wok durch dieses Ereignis auch das Gefühl der Traurigkeit kennen gelernt. Und plötzlich war nichts mehr in Ordnung, obwohl es noch Wasser, Fisch und Luft gab. Wok schwor also dem Robbenkatechismus ab und beschloss, mehr über sich und die Welt zu lernen. Dazu musste er natürlich erst mal lesen und schreiben lernen, was für eine Robbe gar nicht mal so einfach ist. Zum Glück waren vor der Küste vor kurzem ein Frachter, der kulturgeschichtliche Standartwerke eines Internetvertriebs geladen hatte, und ein anderer voller Stupsies® (die Puppe, die pinkeln und reden kann) zusammengestoßen und gekentert. Wok rettete ein paar Bücher und ein paar Stupsies® aus den Fluten, brachte sich darauf die Sprache im Selbststudium bei und wurde die erste Robbe, die lesen und schreiben (und beim Pinkeln Heidegger zitieren) konnte.

Wok stand damit erst am Anfang seiner Entwicklung zur Superrobbe, doch lässt sich aus dieser Geschichte schon allerhand lernen. Etwa, dass es manchmal gar nicht schlecht ist, wenn man traurig ist. Oder, dass man nicht über Leute beunruhigt sein muss, die auf öffentlichen Toiletten telefonieren. Vielleicht tun sie es ja nur, weil sie ebenfalls von Stupsie® reden gelernt haben.

Es gab Momente, da war Wok immer noch traurig. Lustlos aß er dann jeweils den angeschwemmten Schiffszwieback, den seine Mutter, die halbtags auch noch fischte und deswegen keine aufwendigen Mahlzeiten zubereiten konnte, jeweils mühsam mit der Flosse mit halbgefrorenem Tran bestrich. Wie ein leuchtender Stern tauchte an solchen Tagen manchmal

Reingold, der Forscher, am Horizont auf. Woks Miene hellte sich immer sofort auf, wenn er dessen rote Textex®-Jacke erblickte. Für die Jacke war er weitherum bekannt. Sie war aus einem Material, das aus mikroskopisch kleinen Kapillaren und semipermeablen Membranen bestand. Schwitzte man unter der Jacke, zog sie aufgrund des durch das Salz im Schweiss entstandenen osmotischen Drucks Feuchtigkeit aus der Luft ab, leitete diese ins Jackeninnere und unterstützte den Körper auf diese Weise beim Schwitzvorgang. Textex®, leider ein

kommerzieller Flop, war in der Lage, sich selbst zu regenerieren. Nur wenn man sich damit zu lange in verrauchten Räumen aufhielt, starb es ab. Weil sich Reingold sehr oft in verrauchten Kneipen aufhielt, hatte er der Jacke bereits einen Ärmel abnehmen und ihn durch ein Faserpelzstück ersetzen müssen. Seither war der Klima-Haushalt im Eimer. Aber

Reingold brachte es einfach nicht übers Herz, die von ihm selbst entwickelte Jacke zu töten.

Reingold war einer der ersten Menschen gewesen, die entdeckt hatten, dass Wok, wenn auch nur sehr blökend und bellend, reden konnte. Er hatte nicht schlecht gestaunt, als Wok ihm erzählt hatte, dass er von Stupsie® (die Puppe, die reden und pinkeln kann) reden gelernt hatte. Jedenfalls war er froh, dass er hier draussen jemanden hatte, mit dem er sich unterhalten konnte. Wok hörte immer sehr genau zu, wenn Reingold von seiner wissenschaftlichen Arbeit erzählte. Diese bestand darin, Versuche, die im Weltraum durchgeführt wurden, bei exakt -40° Celsius zu wiederholen. Oder in dunkeln Höhlen bei einer Luftfeuchtigkeit von 95%. Reingold war darüber nicht sehr froh. Natürlich bekam die Space-Station-Besatzung jeweils die ganze Publicity ab, während er sich im Eis die Zehen abfror und sich in Höhlen Rheuma holte. Als er davon gehört hatte, dass im Weltall der erste Geschlechtsakt vollzogen werden sollte, hatte er sich Hoffnungen gemacht, dass er auf diese Weise wenigstens mal wieder mit einer Frau schlafen könnte (wenn auch in einer Höhle oder bei minus 40°). Natürlich wurde der Versuch gestrichen. „Jedem das Seine", hatte Günter, der CEO vom Rauminstitut gesagt, der Reinhold den Flop mit Textex® nie verziehen hatte, und ihn wieder hinaus in die Kälte geschickt. Wenigstens hatte er noch seine Jacke, und hin und wieder kam er auch bei einer Kneipe vorbei. „Ach!" sagte Reingold und die Textex®-Jacke seufzte raschelnd, als sie sich von Wok verabschiedeten um sich wieder auf den Weg zu einem -40° kalten Ort zu machen.

Todesstrafe für Remix „Ein bedeutsames Paradox der unserer Zeit ist, dass ‚Music' aus ‚Us' und ‚Mic' geformt wird, ‚Hit' aber ein Bestandteil von ‚Hitler' ist." (Heidegger nach einem Auftritt Peter Kraus' 1973 in Heidelberg.)

Barry La Vox war ein großer und beleibter Kreole und arbeitete als Küchenmaschinen-Elektroniker in New Orleans. Dass er bis heute von Musikhistorikern praktisch unbeachtet geblieben ist, ist ein Rätsel, zumal er seinerzeit den ersten Niederstrom-Verstärker überhaupt gebaut hatte. Er war es auch, der den Ur-Mississippi-Blueser Lemon McTell, der bei ihm Spielschulden hatte, dazu verpflichtete, zwei Jahre lang nur mit seinem Verstärker-Prototypen P aufzutreten. Damit ging eine Ära zu Ende, in der Blues-, Gospel- und Soulpeople mit ihren akustischen Instrumenten durchs Land gezogen waren und in warmen Stuben Menschen glücklich gemacht hatten. Weil La Vox' Model P nur eine Volumestufe hatte, und damit für ziemlichen Lärm sorgte, musste McTell für seine Auftritte mittlere Säle mieten. Aber erst als er Art Roscoff, einen der wenigen Afro-Bretonen der Zydeco-Kultur, die es ins Musikgeschäft geschafft hatten, als Manager engagierte, füllten sich die Räume auch. Was McTell jedoch nicht wusste, war, dass Roscoff ebenso einen Vertrag mit La Vox hatte und dass der weitaus größte Teil der Zuhörer über eine frühe Form der Kaffeefahrt, sogenannten Tee-Kutschen-Trails zu seinen Konzerten kam und sich mehr für den Elektro-Schrott von der Knetmaschine bis zum dreiarmigen Handmixer draußen in der Lobby interessierte, als für den Groove seines von einer matriarchalen Form des Christentums beeinflussten Country-Gospels.

McTell verdiente während der ganzen Zeit keinen einzigen Cent und musste sich schließlich damit abfinden, für den Rest seines Lebens für La Vox zu spielen, der bereits eine neue Verstärkeranlage gebaut hatte, für die nun schon wenn auch kleinere Hallen gemietet werden mussten. Weil diese alleine mit der Merchandising-Idee Roscoffs nicht mehr zu füllen waren, hielt dieser McTell dazu an, populär-politische Parolen in seine Gospels einzubauen. Der politische Song war damit geboren und die Landbevölkerung strömte zu Hunderten in die Hallen. Weil aber McTell auf den größeren Bühnen zu einsam wirkte, stellte man ihm andere Musiker zur Seite, die seine Bewegungen exakt imitierten. Die Überlegung war, dass die Leute mit vier McTells zufriedener (und nach dem Konzert empfänglicher für Küchengeräte-Vorführungen) waren als nur mit einem.

Als dann bei der großen Müllkrise in Albuquerque in den dreißiger Jahren ein zorniger Bürger seine überquellenden Mülltonnen auf die Bühne schleppte, um gegen den Streik der Müllarbeiter zu protestieren, war das Publikum davon so angetan, dass man ihn kurzerhand für den Rest der Tour verpflichtete. Aus Langeweile begann er schließlich während eines Auftritts in Corpus Christi mit den Fingern auf seinen Tonnen rumzuhämmern. Der Rest ist Geschichte.

Später, die Gebeine Lemon McTells waren schon längst auf einem Armenfriedhof in Fayetteville zu Staub zerfallen, hatten La Vox und Roscoff ein kleines Imperium aus Musik- und Küchenmaschinenfirmen aufgebaut, und ließen Musiker in riesigen Fußballstadien spielen. Neben dem Typen mit der Mülltonne waren andere Typen aufgetaucht, die aus Protest andere Dinge auf die Bühne geschleppt hatten. Sie alle wurden schließlich dazu genötigt, die immer größer werdenden Anlagen zu benutzen. Später mussten Konzerte aus werbetechnischen Gründen mittels Satellit übertragen werden und heute haben schon die ersten Bands Verträge mit Produzenten von MP3-Klons, die ihnen verbieten, auf einem andern Format auch nur einen pieps zu machen. Besonders tragisch ist dabei das Schicksal von DJ DaLung, der, als ihn vor einem Jahr sein dreijähriger Sohn um ein Gutenachtlied bat, nicht wie sonst den Computer aufstartete sondern Sampler, Effekte, Amps, Stabmixer und eine Mandoline aus dem Keller ins Kinderzimmer hochschaffte, ein zu Tränen rührenden Snooze-Remix hinzauberte und dafür prompt vom FBI verhaftet und in Muskogee zum Tode verurteilt wurde. Ein paar Typen von der Musikfachpresse behaupten zwar auch heute noch, es gehe bei zeitgenössischer populärer Musik um politische und progressiv-kulturelle Inhalte. Dabei ist Pop letztendlich nichts anderes als die Fortsetzung der Sklaverei mit den Mitteln der Haushalts- und Unterhaltungselektronik.

EINE GESCHICHTE FÜR DIE SCHULE Micha war derjenige gewesen, der im Lebensmittelladen die Zigaretten gestohlen und den anderen vorgeschlagen hatte, nach der Schule in den Wald zu gehen und die ganze Packung aufzurauchen, jeder vier Zigaretten, und wem zuerst schlecht wird, der klaut die nächste. Lars kannte eine Stelle im Wald, zu der man nur durchs dichte Buschwerk kam und an der man sicher vor Erwachsenen war. Schütte kannte eine andere Stelle, aber auf ihn wurde mal wieder nicht gehört.

Frank war begeistert.

Britta ging mit, weil ihr keine Ausrede eingefallen war.

Micha ging voraus und prüfte in regelmäßigen Abständen, ob Zigaretten und Streichhölzer noch in der Tasche waren. Sie überquerten die Bahngleise, gingen über die Wiese, am Waldrand entlang, dann den schmalen und von Gestrüpp überwucherten Weg ein Stück weit in den Wald hinein, schließlich rechts eingebogen, durch das Dickicht gekrochen, und da war es, ein fast paradiesisches Plätzchen, moosbewachsen und eingeschlossen von hohen Gebüschen, gerade groß genug, dass fünf Kinder im Kreis hocken und die verschworenen Gesichter zusammenstecken konnten.

Mit einem Streichholz wurden alle fünf Zigaretten angesteckt. Wäre es ausgegangen, hätte das Unglück gebracht.

Es war gerade genug Platz da, dass Britta Frank, der neben ihr kauerte und aufdringlich wurde, mit dem Handrücken auf die Backe schlagen konnte, so dass er das Gleichgewicht verlor, nach hinten in die Dornen kippte und seine Zigarette fallen ließ. Er rappelte sich wieder auf und suchte hastig nach dem Stummel, während Britta ihn beschimpfte und die anderen lachten, aber nicht zu laut, wegen der Mägen. Frank fand schließlich den Stummel, der sich durch die Kunstfaser seiner Jacke durchgefressen hatte, im stinkenden Futteral. Die synthetische Watte war hart und mit dem Stummel zusammengeschmolzen. Er musste das Loch in der Tasche noch ein wenig weiter aufreißen, um an ihn heranzukommen, und riss damit auch einen Teil des Futters mit heraus. Seine Mutter würde, wenn sie das nächste Mal die Taschen leerte, das Loch finden und auch die Brandränder und die verkokelte Watte, aber sie würde nichts sagen, nur stumm hinter der Nähmaschine sitzen und die Jacke anstarren, und kurz bevor sein Vater aus der Backstube hochkäme, würde sie wie wild zu nähen beginnen und endlos vor sich hin sagen: „Die ist hin, die ist hin, da ist nichts mehr zu retten“, und wenn dann der Vater ins Wohnzimmer hineinstolperte und fragte, warum denn nichts gemacht sei, kein Kaffee da und keine Wurst, würde sie auf die verbrannte Jackentasche zeigen und sagen: „Das siehst du doch, ich kann ja nicht alles gleichzeitig machen und wenn dein Herr Sohn meint, er müsse ...“, und ohne den Rest abzuwarten, würde ihn sein Vater am Ohr packen, und dann würde er ihm vorrechnen, wie viel Brote er backen müsse, um ihm eine neue Jacke kaufen zu können, und er würde ihm für jedes Brot eine Ohrfeige verpassen, worauf die Mutter ihn anschreien würde, er solle nicht so grob mit dem Jungen sein, und dann würde ihn sein Vater loslassen und vor Wut kochend aus der Wohnung und wieder hinunter in die Backstube stampfen. Dann würde ihn seine Mutter trösten und sagen, der Vater meine es ja gar nicht so, und dann würde sie sich hinter die Nähmaschine setzen, die Tasche flicken, und am nächsten Tag würde die Jacke wieder im Flur am Haken hängen, als wäre nichts geschehen.

Doch bis dahin war noch ein weiter Weg.

„Das zahl ich dir heim,“ zischte er Britta an, aber die lachte ihn nur aus.

„Dumme Sau.“

Man hauchte riesige Schwaden aus, hustete ein wenig, blies sich gegenseitig Rauch ins Gesicht, hustete wieder und spuckte ekligen Speichel aus. Alle außer Micha, dem dies alles nichts auszumachen schien, und Frank, der grimmig zu Boden stierte, verzogen die Gesichter.

Micha verteilte die zweite Zigarette. Frank lehnte ab und hatte verloren. Die andern lachten schwach. Britta und Schütte nahmen nochmals eine, rauchten sie aber nur bis zur Hälfte und drückten sie dann aus. Nur Lars hielt mit. Verbissen bliesen er und Micha den Rauch zwischen den Zähnen hindurch.

Nach der dritten gab auch Lars auf.

Stolz aber mit schwerfälligen Fingern klaubte Micha die vierte aus der Schachtel und steckte sie in Brand.

Lars war schlecht.

Micha ließ seine Zigarette hinunterbrennen.

Britta hob den Kopf.

Es dämmerte.

Wie viele Zigaretten befanden sich noch in der Schachtel?

MEIN FREUND UND ICH MACHTEN SELBSTMORD Wir verließen die Halle und kamen an einer Bude vorbei, in der ein Althippie mit grauem Zopf und faltiger Haut Selbstmordpillen verkaufte. Die Bude hatte eine graue Plane als Dach, und darauf stand in ungelenker gelber Pinselschrift geschrieben: „Sam's Selbstmordpillen."

Als wir auf der Höhe der Bude waren, rief der Althippie: „Hey Jungs!"

Das war wiedermal so'n typischer Althippiegruss. „... Hey Jungs!"

Wir blieben trotzdem stehen, der Althippie sah noch

gar nicht mal so unsympathisch aus, und man muss das Alter ja auch achten.

Wir standen stumm vor ihm, wir waren ja noch jung und warteten darauf, dass er uns mal sein Sortiment zeigte.

„Hey Leute", sagte er und wir verzogen die Gesichter, schon wieder diese Althippie-Scheiße, doch dann erzählte er von seinen verschiedenen Pillen, und das war schon ziemlich interessant, er hatte ja auch schon ein paar Jahre auf dem Buckel und war ganz schön rumgekommen.

Er war auch ganz ehrlich zu uns, sagte, dass die Gelben nichts für uns seien, die seien nur was für Profis, aber die Grünen, die könnten wir zum Beispiel mal ausprobieren, die seien ganz gut und mild, er habe vor zwei Tagen selbst ein paar davon eingeworfen und die seien also ziemlich dufte (… ach!), aber so fünf oder sechs müsse man davon schon nehmen, sonst sei das kein richtiger Selbstmord.

Ich schaute meinen Freund an, wir nickten uns zu und kauften uns von dem Geld, das wir noch übrig hatten, zwölf grüne Selbstmordpillen. Sechs für jeden.

Der Althippie verabschiedete sich von uns mit irgendeinem Althippiegruß und sackte wieder in sich zusammen.

Als wir hinter der nächsten Ecke verschwunden waren, öffneten wir beide unser Säckchen. Wir schauten uns an und nahmen je drei Pillen.

Den Rest warfen wir weg.

Sechs Pillen waren wahrscheinlich einfach zuviel Selbstmord.

Wir hatten ja praktisch noch unser ganzes Leben vor uns.

600 TÜREN M. versucht mit einem seiner zahlreichen Schlüssel ein Gebäude aufzuschließen. „Manchmal kann man die Schlüssel nur erfühlen und muss gar nicht hinschauen." Diesmal scheint es auch mit Hinschauen nicht zu funktionieren. Um keine Stille aufkommen zu lassen, frage ich ihn, ob die Wächter den Gebäuden jeweils Namen geben würden. Er verneint. Ich bin ein wenig enttäuscht, und um mich im nachhinein an sie zu erinnern, gebe ich ihnen selbst Namen. Lisa, das Haus vor dem wir stehen, lässt sich nicht öffnen. „Hier sind wahrscheinlich die Schlösser ausgetauscht worden. Wenn so was passiert, gibt es meistens eine Art Kettenreaktion und man kommt auch in andere Bereiche nicht hinein." Lisa ist geradezu abweisend und der Wächter kommt mir ein wenig vor wie Montag in Bradburys „Fahrenheit 451" zu dem Zeitpunkt, als sich die elektronischen Anlagen allmählich gegen ihn wenden, die automatische Feuerleiter ihn nicht mehr hochzieht, oder der elektronische Hund ihn anknurrt. Ich beschließe, den Wächter Montag zu nennen. „Es ist kein Weltuntergang, wenn aus einem Bereich mal keine Meldung kommt, erst wenn ich mich eine Weile nicht melde, kommen sie mich suchen." Wir gehen um Lisa herum und benützen den Hintereingang. Montag erreicht ein Funkspruch, dass er bei nächster Gelegenheit die Zentrale anrufen solle. Er telefoniert in einem Büro mit seinem Vorgesetzten, dann legt er auf. Der Portier habe die Zentrale benachrichtigt, dass er in Begleitung eines Zivilisten sei, und der Vorgesetzte, der nicht über mich informiert gewesen sei, habe sich nach dem Zweck meines Mitgehens erkundigt. Er habe ihm gesagt, alle zuständigen Stellen seien informiert. Darauf habe er sein O.K. gegeben. Wir

machen weiter mit dem Rundgang. Wegen des Anrufs und der verschlossenen Türen haben wir Zeit verloren und durchqueren zügig die Räume. Auf meine Frage, ob er in diesem Tempo auch nichts übersehe, antwortet er, auf einer solchen Tour könne er unmöglich in jede kleinste Ecke schauen, aber die Codes, die er abtasten müsse, seien meistens in einer hinteren Ecke angebracht. So sei sicher, dass er den ganzen Raum durchquere. Wenn er außerdem schon zig Mal in einem Raum gewesen sei, sähe und höre er ziemlich schnell, ob alles in Ordnung sei oder nicht. Wenn beispielsweise in einer großen Halle ein einziges Fenster offen stehe, verändere sich die Atmosphäre darin merklich, auch wenn ein Computer nicht abgestellt sei, oder wenn irgendwo jemand am Boden liege. Ist ihm so was denn schon passiert? Nein, ihm nicht, aber ein Kollege habe einmal nach einem Firmenfest einen betrunkenen Vizedirektor an-getroffen, der mit vollen Hosen in seinem Erbrochenen auf dem Boden gelegen habe. Und wie verhält sich da ein gewissenhafter Wächter? Montag lächelt. „Er erzählt niemandem was davon ..." Während wir reden, gehen etwa zwanzig Türen auf und wieder zu, und wir werden von Putzfrauen ebenso freundlich begrüßt, wie wir von schwarzen Puppen in Werbe-T-Shirts stumm empfangen werden. „Als ich noch neu auf der Tour war, es war im Winter und alles dunkel hier, hatten sie die Puppen gerade hinter der Tür aufgestellt. Hat mir einen ziemlichen Schrecken eingejagt." Ich kann mir das bei den Puppen, die gesichtslos aber freundlich in einer Ecke hocken, eigentlich gar nicht recht vorstellen. Ich versuche stattdessen, mich für die wegen der Fragerei ver-lorengegangene Zeit zu revanchieren, indem ich selbst auch ein paar Türen schließe und Apparate ausschalte. Natürlich sind es zur Hälfte die falschen, und Montag schaltet sie wieder ein. Ich freue mich jedoch wie ein Kind, als ich einen neuen, noch angeschalteten Kopierer entdecke, den Montag vielleicht übersehen hätte. Ich schalte ihn aus. Montag durchquert das Gebäude nach einem ausgeklügelten System. „Nur kein Schritt zuviel", sagt er. Unter den Wächtern herrsche ein kleiner Konkurrenzkampf, wer weniger Schritte für eine Runde brauche. Lisa ist jetzt abgeschlossen. Wir überqueren eine dichtbefahrene Strasse. Die Autos halten an, obwohl wir noch nicht mal vor einem Fußgängerstreifen stehen. „Das ist das Gute an Uniformen. Sie halten immer an." Angesichts der gesichtslosen Massenbewegung, die sich Individualismus nennt, sind mir Uniformen ohnehin schon fast wieder sympathisch geworden, doch das mit den Autos überzeugt mich vollends, und ich beschließe, meiner Tochter, sobald sie laufen kann, eine Uniform zu kaufen. Ich komme allerdings von dem Gedanken wieder ab, als ein anderer Wächter am Ende des Rundgangs erzählt, er sei an diesem Abend schon das dritte Mal fast über den Haufen gefahren und darauf von dem Autofahrer auch noch angepöbelt worden. Die Leute lachen viel über die Wächter, weil sie meistens zuerst denken, sie hätten einen Polizisten vor sich, und dann denken, haha, das ist ja nur ein Nachtwächter. Auch die PolizistInnen lachen viel über die Wächter. „Vielleicht, weil wir nur einen Pfefferspray bei uns haben", sagt Montag. Einmal hätten ein Wächter und ein Polizist gleichzeitig die Außenkontrolle bei einem Gebäude durchgeführt. Beide hätten bemerkt, dass etwas nicht stimmte. Am Schluss hätten sie sich an einer Ecke getroffen. Der Polizist habe die Waffe auf den Wächter und dieser den Spray auf den Polizisten gerichtet gehabt. Wir durchqueren einen Park, ich gehe hinter Montag her und wundere mich ein wenig, wie unwirklich seine Erscheinung in der Dämmerung des Parkes ist. Wir erreichen das nächste Gebäude. Max empfängt uns freundlich, ein kleiner Vogel sitzt schmatzend auf der Türschwelle. Seltsamerweise fliegt er auch nicht weg, als wir hineingehen. Max hat außer den Kellerräumen, dem Vogel und ein paar Büros von Vizedirektoren nicht viel zu bieten. Die Wände sind nicht wie noch bei Lisa mit Garfield und Mordillo-Humor behangen. Wir verlassen Max und ich frage Montag, ob er nach der Schließrunde jeweils außergewöhnliche Träume hat. „Eigentlich nicht. Manchmal gibt es schon so Fetzen, die sich in einen Traum einflechten. Leute, die ich kenne, können sich dann plötzlich in einem Korridor befinden, durch den ich auf der Runde gehe. Richtige Schließrundenträume hätte ich wahrscheinlich erst, wenn ich die Tour eine Weile nicht machen würde. So wie die in Vietnam ...“ „Vietnam?“, frage ich. „Vietnam, die Träume kommen erst danach ...“ „Ist das ein Buch?“ „Nein, aber es ist so“, sagt Montag, während wir wieder eine Strasse überqueren. Ein Autofahrer hat angehalten und mustert mich wie einen Gefangenen, der gerade abgeführt wird.

Wir sind im Kellergeschoss von Paula. Das Treppenhaus ist eng und wir durchqueren Akten- genauso wie Tischtennisräume. Die Frequenz, in der wir die Räume wechseln, ist hier bedeutend höher als in den letzten Gebäuden. Ich komme mir ein wenig vor wie beim Zappen. Montag sagt, dass der stete

Wechsel von eng und weit, von warm und kalt, von hell und dunkel den Ablauf der Gedanken wesentlich mitbestimme. „Was auch noch hinzukommt, ist der Wechsel der Jahreszeiten. Die Farbnuancen und vor allem die Gerüche ändern über das Jahr hinweg. Im Winter ist die Luft meist abgestanden, und wenn die ersten warmen Tage kommen, riecht es nach Parfüm und Deodorant. In den Büroräumen ergeben sich manchmal je nach Stärke und Art der Duftmittel sehr große Unterschiede." Selbstverständlich ändern sich auch die Lichtverhältnisse. Der Zeitpunkt, zu dem in den oberen Stockwerken die Lampe angezündet werden muss, verschiebt sich im Herbst immer weiter nach vorne. Im Winter fängt dann die Tour schon im Dunkeln an. „Das Verrückte an dem Ganzen ist, dass man praktisch immer zur selben Zeit am gleichen Ort ist, und dieser sich von einem Tag auf den andern komplett verändert hat, weil es einfach dunkler ist, oder weil plötzlich eine Straßenlampe hereinleuchtet." Man komme sich in etwa so vor wie ein Haufen Stehkameras, die jeden Tag zur selben Zeit ein Bild von einem bestimmten Ort aus schießen. Montag steigt eine schmale Leiter ins Dachgeschoss von Paula hoch und sagt, ich solle ruhig unten bleiben. Er entschwindet durch eine Tür, auf der „Hochspannung" steht. Ich gehe auf ein Klo für Nichtraucher und verschnaufe ein wenig. Beim nächsten Haus würde ich ein Pause einlegen. Montag besucht Emil also alleine, ich nehme ihn von außen nur durch die hin und wieder aufblitzende Taschenlampe und die sich hier und da schließenden Fenster und Rollläden wahr. Montag taucht wieder auf und meldet dem Revier, dass alles in Ordnung ist. Wir gehen hinüber zu Heinrich. Heinrich ist ein Parkhaus. Wir begegnen PassantInnen. „Manchmal fragen welche nach dem Weg.“ Sonst hält sich der Kontakt mit der Außenwelt in Grenzen. In Heinrich wechseln kühle Treppenhäuser mit warmen Parkebenen ab, in denen uns eine dezente Science-Fiction-Atmosphäre empfängt. Montag setzt ein paar Türen in Alarmbereitschaft. Wenn ich später daran rütteln würde, würde auf der Stelle eine Polizeieinheit auftauchen. Die Parkebenen sind leer, was den Raumschiffeindruck noch verstärkt. „Ein anderes Gebäude ist noch viel extremer, es hat eine lange durchgehende Fensterfront, die die Sicht auf den Nachthimmel freigibt. Dort oben habe ich manchmal Pause gemacht und schon oft Sternschnuppen gesehen. Es gibt einem wirklich das Gefühl, man würde bald abheben.“ Wir wechseln zu Heinrichs Schwester Maria, die unterirdisch mit ihm verbunden ist. Auch die Atmosphäre Marias ist der vielen Rohre wegen Science-Fiction-haft. Montag sagt, dass es auf dem Weg manchmal in einem drin so Abläufe gebe, wie in einem Film. Welche Person ist er in diesen Filmen? „Manchmal ein Tricorder.“ Ich nicke vorsichtig und überdenke meine Situation: Ich befinde mich ein paar Stockwerke unter der Erde in gefangenen Räumen zusammen mit hunderten von ausgedienten Computerbildschirmen, und das einzige andere Lebewesen ist jemand, der sich für ein Raumschiff-Enterprise-Funkgerät hält. Montag unterbricht meine Gedanken, während wir durch einen Gang vorbei an pornographischen Witzen („Hier ist es nicht mehr Garfield …“) gehen. Er weist auf einen weiteren gefangenen Raum. „Als ich das erste Mal in diesen Raum hineingegangen bin, hat mich fast der Schlag getroffen. Es war wie in meinem Kinderzimmer.“ Er öffnet die

Tür, und mir wird einiges klar. Wenn ich in einem Zimmer aus weißgestrichenem Beton mit nur einem Küchentisch und ein paar Stühlen aufgewachsen wäre, würde ich mich jetzt vielleicht auch für ein Funkgerät halten. „Natürlich ist es nicht das, wie es aussieht, sagt Montag, dem mein Blick nicht entgangen ist. „Aber den Geruch nach dieser speziellen Möbelpolitur habe ich seither nie mehr gerochen. Und der gelbe Aschenbecher hier hat genau die Farbe meiner Wasserpistole." Stimmt, der Aschenbecher ist aus gelbem, durchscheinendem Glas, genauso wie Wasserpistolenplastik oder, ich habe plötzlich einen süß-sauren Geschmack auf der Zunge, wie Feuersteine. Ich erinnere mich, wie sie jeweils zwischen den Zähnen zerbrochen sind. „Das ist der Proust-Effekt", sagt Montag, „Gerüche, Farben, die einen plötzlich an die Kindheit erinnern. Ich muss hier auch manchmal an die Schlacht von Waterloo denken." Er hatte sie in seinem Zimmer mit Spielzeugfiguren nachgestellt. „Der Proust-Effekt", wiederhole ich. „Ja, aber wir haben Zeit verloren. Mir passiert das auch hin und wieder mal, dass ich plötzlich irgendwo stehen bleibe und etwas Neues bemerke, einen Gegenstand oder nur eine Form, die mich fasziniert. Und plötzlich sind sieben Minuten um." Der Zeitplan, den er einhalten müsse, lasse gewisse Freiräume, Nischen, in denen sich die Phantasie dann jeweils umso stärker entfalte.

Wir sind in einer Kommandozentrale, und ich könnte nicht mehr sagen, an welcher Stelle und auf welchem Stock sie sich befindet. Mir fällt die Austauschbarkeit solcher Räumlichkeiten auf. Sie sehen überall gleich aus, in einem AKW genauso wie in einem Bahnhof oder wie eben hier im

Untergrund einer Versicherung. Ein Unterschied könnte höchstens noch an den roten Bällchen festgemacht werden, die an der Decke hängen und im Brandfall die Feuermelder indizieren sollen. Montag spielt manchmal Kopfball damit. Trotz allem hätte ich mir Maria unheimlicher vorgestellt. Der Punkt ist vielleicht, dass unterirdische Anlagen immer unterirdische Anlagen sind, sie verändern nie ihr Gesicht. Montag kündigt an, dass wir jetzt bald auf dem Gipfel der Runde angekommen sein werden. Wir fahren in den obersten Stock von Anna, die wiederum mit Heinrich und Maria verbunden ist. Nach der brazilesken Atmosphäre unten erwarte ich hier langweilige Büros. Aber schon wie wir aus dem Fahrstuhl steigen und uns eine undefinierbare, dicke Luft entgegenschwebt, merke ich, dass es hier oben ziemlich kafkahaft abgeht. Hunderte von Büros an langen, schmalen und niedrigen Korridoren angeordnet, und wiederum enge gefangene Räume. „Immer links anfangen", sagt der Wächter, „sonst verirrt man sich." Nach drei Einführungen, bei denen er mit einem anderen Wächter mitgegangen war, musste er die ganze Tour schon alleine bewältigen. Zum Teil habe er ganze Teile übersehen und musste sie nachträglich abgehen. Wichtig bei den vielen Türen sei die Nachkontrolle, bei der man prüfe, ob eine Tür auch wirklich im Schloss sitzt. Wenn er am Schluss der Tour den Alarm einschalte und nur eine der gesicherten Türen nicht richtig verschlossen sei, müsse er alles nochmals absuchen. Ich frage ihn, warum es hier oben plötzlich so unheimlich ist. Es sei nicht allein deswegen, weil es jetzt dunkel ist. Das spiele zwar schon eine Rolle, das Gefühl, das sich bei ihm jeweils einstelle, sei dasjenige, das er gehabt habe, als er früher nachts aufgestanden sei, und dachte, es sei Tag. Das Gebäude jedoch, das wir zuerst abgegangen seien, sei auch nachts freundlicher. „Es sind die niedrigen Gänge hier und das rhythmische, immer gleiche Geräusch der Türen. Hinzu kommen auch jene Geräusche, die man nicht einordnen kann, aber auch der Geruch und die Lichter, die sich von selbst ein- und ausschalten." Wir kontrollieren ein Klo. Als wir wieder herauskommen, ist tatsächlich das Licht ausgegangen und lässt sich auch nicht wieder einschalten. Man spürt das Eigenleben von Anna, ein Gefühl, dass sie einen bestimmt, stellt sich ein. Das Öffnen und Schließen der Türen versetzt einen zudem in eine Art Trancezustand. Kann man dabei nicht die Kontrolle der Einrichtung vergessen? „Nein, die Wachsamkeit ist da, aber irgendwie kehrt sie sich in der Dunkelheit auch nach innen, man horcht nicht nur auf die äußeren Geräusche, sondern beginnt auch auf innere Stimmen zu hören. Man weiß manchmal vielleicht nicht mehr, was man jetzt genau kontrolliert." Wir haben das Stockwerk gewechselt. Im Unterschied zu Maria und all den andern sieht bei Anna jedes Stockwerk gleich aus. Allerdings ist die Atmosphäre bei jedem komplett anders. „Die Empfindungen sind, je länger man hier drinnen ist, desto deutlicher. Man fängt an, sich Dinge einzubilden. Wenn eine der Türen plötzlich leichter aufgeht, hat man das Gefühl, als ziehe von innen jemand daran." Vorhin in einem engen Gang konnte ich mir bei der Berührung mit der Wand tatsächlich vorstellen, dass plötzlich Hände nach einem greifen. Wie in „Repulsion". Ich könnte den Wächter jetzt Ekel nennen, aber damit würde ich ihm nicht gerecht werden. Ich nenne ihn auch nicht „Rosemaries Baby" sondern „Tanz der Vampire" weil er mit seinen Ketten und Schlüsseln tönt wie ein Pferdegespann in Transsilvanien. „Man staunt nicht schlecht", sagt Tanz der Vampire, wenn alles dunkel ist und plötzlich geht vor einem ein Lift auf, aber niemand befindet sich darin." Ich kann es mir vorstellen, ich vergesse, ihm in den Lift zu folgen und bin plötzlich allein auf dem Stockwerk. Ich mache ein paar Schritte und stolpere über einen aufgespannten Regenschirm, der in der Mitte des Korridors liegt. „Was tut der Schirm hier?" frage ich mich, als die Lifttür wieder aufgeht und M. mich ins nächste Stockwerk mitnimmt. Er zeigt mir, wie man sich leicht selbst erschrecken kann. „Wenn man die Tür hier aufmacht und mit einem Auge nach hinten schaut, erscheint hinten im Korridor eine Reflexion von einem selbst." Er denke oft, es sei jemand hinter ihm. Wie sieht er aus? „Er hat etwa meine Statur."

M. macht Pause in einem Büro, richtet die Taschenlampe auf ein paar Bauklötzchen, die zu einem kleinen Schiff zusammengebaut sind. Er überlegt und verschiebt ein Segel des Schiffchens um ein paar Millimeter. „Wenn ich wiederkomme, ist wieder etwas verschoben ..."

Ansonsten hält sich der Kontakt mit der Belegschaft in Grenzen, manchmal gibt es kleine Feindschaften, wenn jemand immer den Computer angeschaltet oder das Fenster offen lässt. „Aber das kann auch Einbildung sein, man beginnt, vieles persönlich zu nehmen." Ich nicke, während ich über einen weiteren Regenschirm stolpere. In einem Büro ist ihm mal eine Dose Red Bull auf den Kopf gefallen, und als er mit der Lampe hochleuchtete, lachte ihm ein an der Decke befestigter großer Garfield entgegen. Annas Stockwerke unterscheiden sich darin vom Rest der Tour, dass es hier fast nur Büros zu kontrollieren gibt. M. muss sie auch nicht durchqueren, sondern lediglich die Tür öffnen, hineinleuchten und die Tür wieder schließen. Es gibt selten Fixpunkte, wie etwa das Klötzchenbüro, dasjenige mit Dollarnoten an der Wand, oder das Curry-Büro, in welchem es immer nach einer Mischung aus Schweiß und dem orientalischen Gewürz riecht. Das Abschreiten der Büros hat etwas Klösterliches, Rituelles, manchmal kommen, so Montag, geradezu religiöse Gefühle hoch.

Das Schlack, Schlack, Schlack der Türen, der Soundtrack von Anna, tönt in meinen Ohren nach, als wir ins Erdgeschoss kommen. Am Schluss der Runde steht ein ruhiger, großer und von den Straßenlampen sanft beleuchteter Saal. Montag tastet mit seinem Gerät den letzten Code ab, die letzte Streicheleinheit, wie dieser von den Wächtern genannt wird. Wir verlassen den Saal und kommen in Annas Zentrale. Montag drückt einen Knopf, der die Sicherheitstüren in Alarmbereitschaft versetzt. „So“, sagt er, während er sich zurücklehnt, „das Gebäude ist jetzt scharf.“ Ich glaube, etwas ticken zu hören, aber das ist wohl nur Einbildung. Oder eine Uhr. Irgendwie hat sich alles gewendet, und Anna zeigt ihr Nachtgesicht. In die Stille hinein frage ich Montag, was er denn so in der Zeit tue, die er hier nach Zeitplan warten muss. „Nichts, ... die Taschenlampe ein- und ausschalten.“

Draußen fahren Autos vorbei.

„Hm“, sagt Montag und schaltet die Taschenlampe ein und aus.

In der Bar, in der wir uns nachher treffen, läuft: „Ich hab heute nichts versäumt ...“ und „Skandal im Sperrbezirk ...“.

Ich denke an die Sicherheitstüren, an den Zeitplan, den wir schließlich doch eingehalten haben. „Hab ich schon ewig nicht mehr gehört, diese Lieder," sage ich zu Montag. Er nickt, nippt an seinem Bier und prüft, wie es scheint, die Leute, die hereinkommen und hinausgehen. Die Schließrunde ist noch nicht ganz abgeschlossen. „Manchmal", sagt Montag, „mache ich die Nachkontrolle bei der Tür zum Fahrradraum, wenn ich nach Hause komme."

MONSIEUR 100.000 VOLT Die Telekomunikationsfirma hatte bei der Planung der Räumlichkeiten voll auf Transparenz gesetzt und die Büros nur durch Glas voneinander abgetrennt.

Es war trotz Klimaanlage heiß. Leila beantwortete gerade die hundertsechsundfünfzigste Anfrage des Tages. „Kaufen sie sich eine neue Sim-Karte und wählen sie dann die eben genannte Nummer", sagte sie in die Mikroeinheit, von der ein fast unerträglicher Geruch, eine Mischung aus Schweiß, abgestandenem Speichel und warmem Kunststoff, in ihre spitz geformte Nase strömte.

Leila schaute auf die Uhr. Es war 14.12 Uhr. ‚Noch eine Minute', dachte sie.

Um 14.13 Uhr füllte sich das Büro gegenüber mit fröhlichen Menschen.

Es war die Mitarbeitergruppe, die sich Dienstags in diesem Büro traf, um Verbesserungsvorschläge zu diskutieren und sich gegenseitig auf Fehler aufmerksam zu machen. Damit, dass sie sich jeweils zu genau dieser Zeit trafen, wollte das Quality Action Team 1413 zum Ausdruck bringen, dass für es Pünktlichkeit nicht ein Muss sondern eine Herausforderung war.

Ein Teammember klebte Formulare an die Scheibe zwischen ihm und Leila. Die Formulare enthielten kleine Ungenauigkeiten. Die anderen Teammember gingen von Formular zu Formular, um sich die Fehler darauf zu notieren. Trotz der Durchsichtigkeit des Glases würdigten sie Leila keines Blickes. Normalerweise war ihr das egal und zum Spaß stellte sie sich jeweils vor, dass die Members sie überhaupt nicht sehen konnten weil es sich bei dem Glas um Spiegelglas handelte. Dann schrieb sie jeweils auf einen Zettel:

„Nr. 4 schreibt zu langsam, downgraden. Nr. 5 findet keine Fehler, ich will diese Person hier nicht mehr sehen." Vielleicht war daran die Hitze schuld, doch als ihr heute Quality Action Team-Member Nr. 7 gegenüber stand, dachte Leila: „Wo hab ich das Gesicht schon mal gesehen, ... war das etwa bei ...", bei Nr. 12 schließlich beginnt sie zu weinen, und sagt ins Mikro hinein: „Ich ich weiß doch auch nicht, es ging alles so schnell, aber möglich, möglich wär's schon", und bei Nr. 15. schließlich reißt sie sich den Kopfhörer vom Kopf springt auf und schreit: „Ja! Ja! Der war's! der hat meinen Vati umgebracht, ich werde dieses Mördergesicht mein ganzes Leben lang nicht vergessen! Los! Auf den Stuhl mit ihm, jagt ihm 100.000 Volt durch den Körper, Gilbert Bécaud noch mal! Dieser Mensch hat keine Werte, die das Leben lebenswert machen, dieser Mensch hat schlechte Leberwerte! Gebt ihm nichts mehr zu trinken!! Guten Tag, mein Name ist Leila, was kann ich für sie tun!!!"

SCHLECHTE LEBERWERTE Es gibt Leute, die sagen, weil die Welt so klein geworden ist und man schon bald jeden kleinen Flecken kennt, müsse die Erdbevölkerung zwangsweise ins All fliegen, damit es ihr nicht langweilig werde. Und es gibt andere, die sagen, die Raumfahrt erfülle abgesehen von den wichtigen Ergebnissen, die sie liefere, ihren Zweck schon in sich selbst, seien die Raketen doch nichts anderes als der Ausdruck für die Potenz des menschlichen Forschungsdranges.

Leute, die sagen, die Raumfahrt könne mit der Erforschung der Erdatmosphäre einen wichtigen Beitrag zur Ökologie leisten, haben zu viele Science-Fiction-Romane gelesen. Und Leute, die sagen, pfeift doch auf die Raumfahrt und gebt das Geld den Armen, sitzen meist in einer dunklen Ecke einer Kneipe, haben schon zuviel getrunken, als dass sie noch jemand ernst nehmen würde, und wenn der Mann, der sich in seinem Lunch gestört fühlt, ihnen zuruft: „Gib doch dein Geld den Armen, immer noch besser, als es zu versaufen“, ist das dann jeweils der Moment, um stumm ins Glas zu starren und in Gedanken ein Kreuz bei Frage sechzehn des Alkoholiker-Tests zu machen: Haben sie manchmal Schuldgefühle, wenn sie trinken?

Fred Janson hatte keine Schuldgefühle, als er sich das zwölfte Bier bestellte.

Der Wirt der „Sonne“, einer dunklen Kneipe, die ihren Namen nicht verdient hatte, bewegte sich auf den Zapfhahn zu, nahm ein Glas und führte es tastend unter den Hahn. Bier floss, und ein winziger Blick genügte, um auf der Flüssigkeit eine ideal proportionierte Schaumkrone entstehen zu lassen. Dafür war der Wirt berühmt, aber das nützte ihm nichts, denn es gab in dieser Disziplin keine Meisterschaften, und diejenigen Leute, welchen es überhaupt noch auffiel, waren nicht bereit, dafür einen Aufpreis zu bezahlen. Es gab in seinem Beruf keine

Aufstiegschancen und keinen Vorgesetzten, der zu einem anderen Vorgesetzten hätte sagen können: „Sagen Sie mal, wie heisst dieser nette junge Mann, der dem Bier so königlich die Krone aufsetzt. Ich sehe für ihn eine grosse Zukunft voraus."

Abgesehen davon war er weder jung noch sonderlich nett.

Das letzte Wölkchen setzte sich auf den weißen Schaumhügel. Er trug das Glas zu Freds Tisch, stellte es exakt in die Mitte des Bierdeckels und sagte: „Prost."

Fred nahm einen Schluck. Er wischte sich den Schaum von der Oberlippe und schaute hoch zum Wirt, der immer noch neben ihm stand und aus dem Fenster schaute.

„Kalt draußen", sagte dieser, als hätte er es gerade festgestellt.

Doch er wusste schon seit dem Morgen, seit er den Müll hinausgebracht hatte, dass es kalt war, genauso, wie er schon seit geraumer Zeit wusste, dass die Leimfabrik gegenüber schließen musste. Der Direktor selbst hatte es ihm erzählt und der Wirt hatte besorgt dabei genickt. Die Hälfte seiner Kundschaft würde damit wegbleiben. Mit dem Direktor hatte er kein Mitleid. Hätte dieser zum richtigen Zeitpunkt verkauft, hätte er einen guten Preis für seine Fabrik verlangen und das Geld geschickt anlegen können und müsste nun nicht jemanden auf Knien um einen Kleinkredit anflehen und er müsste auch nicht hier herkommen, sondern könnte dorthin gehen, wo die Getränke doppelt so teuer sind.

Auch das Fred einer der ersten Kaderleute war, die entlassen worden waren, kümmerte ihn wenig.

Der Wirt führte seinen Blick über den Zebrastreifen auf den diesseitigen Gehsteig und ließ ihn mit den Armen in den Hüften vor Freds Auto stehen.

Dann drehte er sich um und ging in die Küche, aus welcher man hörte, wie er das Fleischmesser auf ein Holzbrett schlug.

Nicht, dass Fred damals wirklich einen neuen Wagen gebraucht hätte. Sein alter war nicht alt und hatte ihm noch nie den Dienst versagt. Aber in einem klärenden Gespräch mit dem Direktor hatte dieser ihm auseinandergesetzt, dass eine Kaderstellung zwar einige offensichtliche Vorteile mit sich brachte, dass dies aber kein Grund war, die Pflichten eines Elitemenschen zu vernachlässigen. Und eine der Pflichten war es nun einmal, zumindest einen Teil des ja doch einigermaßen gehobenen Gehalts ins eigene Erscheinungsbild zu investieren. Besonders im Umgang mit dem Kunden aber auch bei Treffen mit Geschäftspartnern sei Stil ein Muss. „Das mag ihnen als Eingriff in ihre Privatsphäre vorkommen, Janson. Aber denken Sie daran, wir sind nichts als eine große Familie …"

„Eine Schauspielfamilie", ergänzte Fred, und der Verwaltungsratspräsident schaute ihn mit zugekniffenen Augen an. Spürte er da nicht ein wenig Hohn in der Stimme Jansons, der doch sonst so wenig sagte.

„Weil …", ergänzte schließlich Fred, „weil …, die Welt ist doch eine Bühne …"

„Ah …, gebildet", lachte der Verwaltungsratspräsident und ballte entzückt die Faust, „… das ist, was mir an euch Jungs von der Wirtschafts-Akademie so gefällt." Dann drehte er sich um und ging.

Fred entschied sich für eine sportliche Luxuslimousine der D-Klasse, die völlig neu auf den Markt gekommen war, und für Fahrkomfort auf längeren Strecken ebenso bürgte wie für gute Bodenhaftung und Kurvenlage bei sportivem Fahren.

Es war Nacht, als Fred aus der Sonne stolperte. Er wurde von der Hand des Winters begrüßt, des Winters, der vor ein paar Stunden noch Herbst gewesen war. Fred spannte den Kragen seiner Jacke um den Hals und stieg in seinen Wagen.

„Seltsam", dachte er als er den Schlüssel im Schloss drehte und überhaupt nichts geschah. Noch nicht mal die Lämpchen des Bordcomputers leuchteten auf. Schließlich dachte er „auch egal" und stieg wieder aus. Obwohl ihm die 3,6 Promille eine gewisse Selbstsicherheit verliehen, erschien es ihm als nicht sehr ratsam, den Pannendienst zu rufen. Einen Moment lang hing das Bild eines Taxis in seinem Kopf. Dann wurde es abgelöst vom Bild eines Taxifahrers mit einem spöttischen Grinsen. Taxifahrer hier draußen waren alle außerordentliche Ekelpakete. Er dachte, dass er die paar Kilometer trotz des Neuschnees leicht auch zu Fuß schaffen würde. Er schritt durch die Neuschneedecke, welche den Weg zwischen den Bäumen unter sich begraben hatte. Irgendwann, schon weit draußen im Wald, stolperte er über einen Körper, der vom Schnee schon halb zugedeckt war. Fred stieß ein paar unverständliche Flüche aus. ‚Schon wieder einer', dachte er und rückte sein Bajonett auf seiner Schulter zurecht. Wieviele Opfer sollte dieser Scheißkrieg noch fordern. Er blieb stehen, drehte sich aus eiskaltem Tabak eine Zigarette, steckte sie in den Mund und zündete sie mit einem Sturmfeuerzeug an. „Scheißwinter, wirst du nicht vom Schnellfeuer durchlöchert, erfrierst du oder die Wölfe fressen dich." Angewidert warf er die Zigarette zu Boden. „Scheißtabak." Seinen Kragen zusammenhaltend schaute er sich um, irgendwoher war ein Heulen zu hören.

„Scheißwölfe! Scheißalaska!". Er schleppte sich weiter durch den meterdicken Neuschnee. Trotz der Wölfe, die seine Fährte gewittert hatten, hatte er keine Eile. Er dachte an seine Jugend, und wie er im Sommer mit seinen Kameraden im Wald Zigaretten geraucht und „Indianer auf Leben und Tod" gespielt hatte. „Scheißkälte!". Er fror und grub seinen Kopf tiefer in den Kragen. Hatte ihn Jack nicht gewarnt?

Aber alles wäre gar nicht so schlimm gewesen, hätte er sich nicht plötzlich selbst im Schnee liegend wiedergefunden. Mit vereistem Gesicht. Mit einer Wunde unterhalb des Knies, die rhythmisch Blut herauskläffte. Mit einem Hund, der tot war und in seiner verkrampften Stellung an einen syphillisierenden Barpianisten im Paris Anfang der Zwanzigerjahre erinnerte.

All dies musste einem Bewohner einer mittelmäßig großen Stadt in der gemäßigten Zone als sehr unwahrscheinlich erscheinen, und so beschloss Fred aufzuwachen, was jedoch lediglich bewirkte, dass er merkte, dass das Bett unter ihm langsam schmolz und alles durchnässte, seine Kleider, seine Schuhe und seinen Körper.

DER BULLTERRIER Erst als Fred auf dem leeren Parkplatz neben seiner Limousine stand, merkte er, dass es schneite. Es waren seltsame Flocken, die vom Himmel fielen. Eigentlich eher so etwas wie Styroporkügelchen, die auf dem Pflaster nach dem Aufprall noch ein wenig herumkullerten. Fred fühlte, das er leicht schwankte. Für ein Taxi fehlte ihm das Geld. Er schaute zuerst seinen Wagen an, dann schaute er an sich hinunter. Er hatte es nicht sehr weit bis nach Hause. Seine Schuhe würde er sich aber definitiv ruinieren. Und die Zeiten, in denen er barfuss durch den Schnee oder über Nagelbretter gegangen war, hatte er hinter sich. Fred sah, wie der Wirt aus dem Fenster schaute. Von Rechts wegen hätte er ihn nicht in seinen Wagen steigen lassen dürfen. Fred lächelte, wie er immer gelächelt hatte, wenn im Betrieb irgendeine Unsicherheit aufgetaucht war. Er stieg in den Wagen, ließ den Motor an und setzte zurück. Er ließ sich Zeit und winkte dem Wirt noch mal zu, bevor er wegfuhr.

Fred fühlte sich sicher. Als er sich jedoch nach einer kurzen Weile auf der linken Fahrbahn befand, um einen Laster zu überholen, und feststellen musste, dass diese schon von einem anderen Fahrzeug in Anspruch genommen wurde, merkte er, dass sein Wagen, der einst in allen Magazinen wegen seiner sportlichen Fahrleistungen gelobt worden war, aufgrund der mit Styroporschnee überzogenen Fahrbahn eine sehr unharmonische Bremsung vollzog, die ihn auf direktem Weg in den die Strasse säumenden Fluss führte, der Mann und Wagen bereitwillig in seine in dieser Jahreszeit ziemlich kalten Fluten aufnahm.

Der Lastwagenfahrer, der die Melodie des Country-Songs Somewhere (... the sun is always shining) mitpfiff, bekam von alledem nichts mit und fuhr gesellig lächelnd weiter. Der Kleinwagen (... even if it's just over the clouds) kam nach einer Vollbremsung am Straßenrand zum Stehen, wo ihn die Polizei schließlich fand, die sich darüber wunderte, dass der Kopf des Mannes blutüberströmt auf dem Lenkrad lag, während am Wagen keinerlei Spuren von einem Unfall zu finden waren. Als die Beamten den Wagen jedoch genauer untersuchten, stellten sie fest, dass sich hinter dem Vordersitz ein wimmerndes Bündel Schäferhund befand und neben ihm das Stück eines Ohres. Der Fahrer wurde ins Krankenhaus gebracht, der Hund eingeschläfert. Dies geschah sehr zur Zufriedenheit des Nachbarn des Hundebesitzers, dessen vierjähriger Sohn sich einmal zu nahe an den Zwinger gewagt und dies fast mit seinem Leben bezahlt hatte.

Der Hundebesitzer trauerte eine Weile um seinen treuen Freund und kaufte sich dann einen Bullterrier.

DEPARTEMENT ERINNERN Niemand sagte ein Wort. Es war einer jener Augenblicke, in welchen man jedes Geräusch überdeutlich wahrzunehmen beginnt, heiseres Atmen, das Scharren eines Fußes im Kies, einen Tropfen Wasser, der auf den Boden einer leeren Tonne schlägt, und alles klingt wie ein leises Gekicher über die Zeit, die sich erbarmt hat und stillgestanden ist.

Die Sirenen des Krankenwagens durchwühlten die kalte Luft.

Ein Pressefotograf erschien. Er machte ein paar Bilder auf dem Schulhof. Mehr für sich selbst als für die Zeitung.

Irgendwann wollte er mal einen Fotoband herausgeben.

Die Provinz.

Der Abwart, wie er blutigen Kies mit einer Schaufel in einen Eimer füllt.

Der Abwart, wie er neuen Kies auf die Un-glücksstelle wirft.

Der Abwart, wie er den Kies festtritt …

An der Schulhausmauer, gleich neben dem Platz, wo der Schüler aufgeprallt war, klebte ein bisschen Gehirnmasse, die der Abwart übersehen hatte. „Möglicherweise stammt sie aus derjenigen Region, in der die Erinnerungen gespeichert sind", dachte der Fotograf. „Dann würden die Erinnerungen an die Schule nun an dieser selbst kleben." Er hatte das Gefühl, dass er da irgendetwas auf der Spur war, als er das Makro aus der Fototasche hervorkramte.

MUSIK UND SPIRITUALITÄT Wok, die Robbe strotzte jeweils nur so von Spiritualität, wenn er mit traurigen Augen aufs Meer hinausblickte. Seine Mutter (die im Zeichen des Skorpions geboren war) sah das nicht gerne, vor allem, weil Wok von der Spiritualität immer eine ungeheure Lust auf Schiffszwieback bekam, den sie wiederum mühsam mit Tran bestreichen musste. „So, Schluss mit der Ganzheitlichkeit, geh doch mal wieder deinen Freund Golo besuchen!" sagte sie dann immer. Und tatsächlich, Woks Miene hellte sich gleich auf, er sprang ins Wasser und tauchte ab zu Golos Nische im Riff. Golo freute sich immer sehr, wenn er Wok sah, war das Leben hier unten doch sehr einsam. Golo war ein Aal, den irgendwelches Tanzvolk, das in der Gegend exklusive Raves abhielt, als Snack eingeführt hatte. Eine barmherzige Raverin hatte ihn damals vor dem Kochtopf gerettet, indem sie ihn aus dem Aquarium gefischt und kurzerhand ins Meer geworfen hatte. Das heißt, weil grad das ultrakühle Stück lief, bei dem sie und ihr Freund das erste Mal zusammen getanzt hatten, sagte sie zu diesem: „Ey, unser Track!" und warf Golo erst mal in die mit MDMA angereicherte Bowle. Dies rettete ihm das Leben, denn ohne den Mix aus Designerdrogen und Alkohol hätte er die Umstellung auf die hiesigen Gewässer niemals überlebt. Aber leider zog er sich dadurch auch ein parkinsonähnliches Leiden zu. Sein Zittern hielt andere Fische davon ab, sich mit ihm abzugeben. Entweder fürchteten sie sich trotz seiner Beschwichtigungen vor Stromstössen oder aber sie lachten ihn aus und nannten ihn „stillgelegtes KKW". Fische können manchmal so gemein sein!

Es hatte einige Zeit gedauert, bis Wok die Zeichensprache Golos verstehen gelernt hatte. Aber bald darauf wurden sie zu den dicksten Kumpeln, die das Riff je gesehen hatte. Zu gerne erzählte Golo von früher: Er war einst der berühmteste Party-Aal von Berlin gewesen. Die Sängerin der TripHop-Gruppe „Too Cool Towers" hatte ihn in einem Fischladen entdeckt und mitgenommen. Die Gruppe ließ ihn vor der Bühne in einem zehn Meter langen Aquarium über einen fluoreszierenden Grund schwimmen. Viele Leute kamen nur an die Konzerte, um den Aal zu sehen. Einige davon brachten ihre Zierfische in durchsichtigen Plastikbeuteln mit. Bald wurde die Sängerin jedoch neidisch auf den Erfolg des „spirituellen Energiezentrums von Too Cool Towers"(Visions). Sie verkaufte ihn an einen Techno-Produzenten, der schon einige Hits mit Plüschtieren und computeranimierten Affen gelandet hatte. Golo kam zwar groß raus mit „Twist off!", landete aber nach dem zweiten Track, der sich als Misserfolg herausstellte, auf dem Speiseplan der Musikreisefirma „Drum&Sun-Holidays". Vielleicht hätte er es nochmals versuchen sollen: Nach London oder New York schwimmen und das Twistrevival für ein Comeback nutzen! Aber ihm fehlte dazu einfach die Kraft und der Mut dazu.

Wok hörte Golos Geschichten immer sehr aufmerksam zu. Wenn Golo jedoch begann, den historischen Konflikt zwischen Trance und TripHop zu erörtern, wusste er, dass es wieder Zeit war für ein bisschen Spiritualität und große Portionen Schiffszwieback.

Seit „Wok, die Robbe" als Hypertext erstmals erschien, sind mir eine Unmenge Mails, aber auch viel Post zugeschickt worden. Ich möchte mich an dieser Stelle herzlich dafür bedanken. Ganz gerührt war ich von dem umschnallbaren Stromgenerator, den die 11-jährige Anita B. aus Freiburg gebaut hat. Er soll, so die junge Konstrukteurin, „dem Parkinson-kranken Aal Golo ermöglichen, elektrische Schläge auszuteilen, damit er als richtiger Zitteraal durchgeht und den gemeinen Fischen auch mal eins auswischen kann."

Auch Wok hätte manchmal gerne Schläge ausgeteilt. Zum Beispiel den Inuit, die seine Artgenossen, wenn auch nicht lebendig, so zumindest roh verspeisten. Allerdings gab es da einen vegetarisch lebenden Inuitjungen, den er sehr mochte. Er hieß Görk und sah trotz seiner vierzehn Jahre schon ziemlich alt aus. Das kam vom vielen Bier, das er trank. Zuhause in seinem Zimmer hatte er ein Schlagzeug stehen und manchmal nahm er Wok mit zu sich und schlug auf die bierverklebten Felle ein, bis sie beide das Ohrenpfeifen hatten. Görk und Wok kommunizierten mittels Morsezeichen, weil Wok eine doch sehr undeutliche Aussprache hatte. Eines Tages bemerkte Görk aber, dass Woks bellende Sprache wiederum ganz hervorragend zu seinem rauen Beat passte. Deshalb sagte er:

„···· · -·-- ·-- --- -··!“* Und Wok antwortete: „·-- ·· ·-· ···- · ·-· ··· –
· ···· · -· ··- -· ···!!“ . Die beiden umarmten sich und Görk leerte fünf Flaschen Bier in einem Zug. Dann dreschte er wieder wie ein Irrer auf die Felle ein. Es war beschlossene Sache: Wok und Görk gründeten eine Band mit dem kryptischen Namen „Heaven is the Fare for Love“. Sie nahmen ein Demo-Tape auf, kamen bei EMI/Warner unter und machten eine ausgedehnte Amerika-Tournee. Wok wurde für die Dauer der Tour Buddhist und Görk trank sich halb zu Tode. Es war bei einem

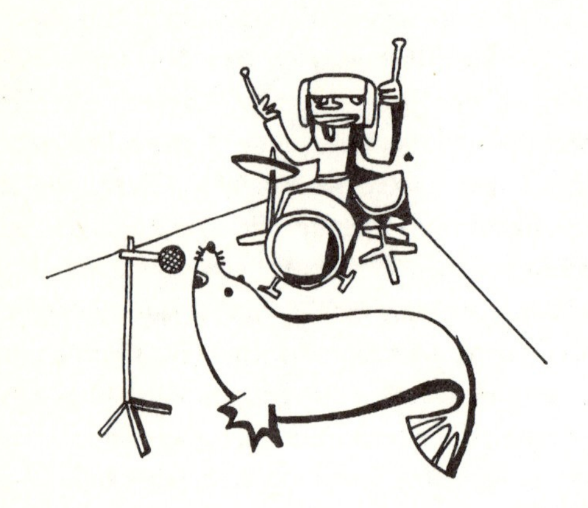

Auftritt in Wyoming vor einem Publikum, das aus lauter Wassermelonenzüchtern bestand, als Görk mitten in einem Stück seine Stöcke niederlegte und die Bühne mit seinen Trommeln verließ. Wassermelonen zerplatzten auf der Bühne genauso wie Woks Träume: Den Rest der Tour machte er alleine mit einer Schlagzeugmaschine. Aber es war nicht mehr dasselbe. Alle vermissten den einzigartigen und selbst auf den besten digitalen Tonträgern nicht zu reproduzierenden Sound der jahrelang mit Bier bearbeiteten Felle Görks. Es kam, wie es kommen musste: Wok wurde von EMI/Warner verklagt und konnte von Glück reden, dass ihm nur sämtliche Rechte an Musik und Merchandising abgesprochen wurden. Er kehrte zurück nach Grönland und war erst nach drei Tagen Schlafen und Tranzwiebackessen wieder einigermaßen der Alte. Doch irgendwann robbte er zu dem Haus, in welchem Görk früher gewohnt hatte und hörte plötzlich den ihm wohl bekannten Rhythmus durch die Fenster dringen. Wok klopfte: „···· · -·-- -- · --- ·-·· -·-!?" Und die Trommeln antworteten: „·-- ·· ·-· ···- · ·-· ··· – · ···· · -· ··- -· ···!!!" Wok ging ins Haus, er und Görk umarmten sich und beschlossen, nie wieder für Geld&Ruhm sondern nur noch für sich selbst und für die besten Freundinnen Musik zu machen. Wok morste etwas von Bescheidenheit, Görk nickte und leerte zehn Flaschen Bier in einem Zug.**

*Die gemorsten Sätze sind für das Verständnis nicht unbedingt notwendig. Die Übersetzung folgt dennoch in der nächsten Episode.

**Diskutiert diese Folge mit euren Freunden und Freundinnen. Keine Macht den Drogen!

(Verschiedene Mails erreichten mich übrigens auch wegen der in der letzten Folge erwähnten organischen Textex® -Jacke des Forschers Reingold. Leider ist das in Kleinserie hergestellte Produkt nicht mehr erhältlich, nachdem die letzten Exemplare in einer Himalaya-Expedition an Sauerstoffmangel eingegangen sind.)

San diego Es war Abend. B Traven hatte schon ziemlich lange den Daumen rausgehalten, als er endlich von einem Afrikaner, den er wegen seiner Pausbacken leicht als Trompeter identifizierte, mitgenommen wurde.

Der Highway, zu welchem sie hochfuhren, war verstopft wie immer um diese Tageszeit.

„Sind Sie Trompeter?“ fragte B Traven nach einer Weile im Stau.

„Stell keine dummen Fragen Honk!“ sagte der Afrikaner.

Nach einer Weile wurde es ihm zu langweilig, mit den Fingern im Takt des lokalen Jazz-Senders auf dem Armaturenbrett rumzuhämmern, er schaltete die Anlage seines weißen Fords auf Aussenlautsprecher und jammte eins ins Bordmikrophon. Nach einer Weile reichte er B Traven das Mikro und gab ihm zu verstehen, dass er so ziemlich nahtlos wie möglich weiterjammen sollte. Er selbst wollte währenddessen aus dem Kofferraum die Trompete holen, um damit einige Töne „Rhapsodie in Blue“ in der gemäßigten Deodato-Version runterzuleiern, nicht zuletzt, um damit zu sagen, dass schon Gershwin ein Verräter war. B Traven dachte: „Ja, das ist die Welt des Jazz, wenn auch mit Klassikeinschlag, yeeaah! du bist hier der Big Boss, du bestimmst, also geh, tu, was du für richtig hältst, geh, klaub dein Ding da aus dem Kofferraum und leg los mit deinen „Rhapsodie in Blue“-Läufen, die sich anhören wie Kühlschränke, yeah!“ und dann jammte B Traven, wie Bebop-B Traven in seinem ganzen Leben noch nicht gejammt hatte. Kurz darauf setzte der Trompeter ein und gab B Traven mit seinen unterkühlten Läufen zu verstehen, dass er ziemlich cool jamme, aber dass er sich nicht unbedingt gleich überassimilieren müsse, weswegen B Traven nun in ein wenig ruhigeren Bahnen, aber nicht ganz ohne Swing und Stolz weiterjammte, was umso mehr Spaß machte, als ein Bassist drei Wagen weiter vorne es endlich geschafft hatte, seinen Verstärker an die Autobatterie anzuschließen und einen ziemlich coolen Groove aufs Pflaster legte, der letztendlich den Stau auflöste, worauf der Trompeter B Traven noch immer jammend in die Innenstadt fuhr und ihn an einer Ecke mit einem Triller auslud wie das Pop-Business eine Eintagsfliege.

B Traven atmete tief durch, grinste und tauchte wieder unter.

AMERIKA-TOUR Ich war auf den Weg ins Zentrum von Galway. John, ein Amerikaner, der in der selben Herberge wohnte wie ich, hatte sich an meine Fersen geheftet. Auf dem Weg erzählte er seine Familiengeschichte. Es war eine dieser Cleveland-Familiengeschichten, die alle eines gemeinsam haben: Sie langweilen zu Tode. John wollte ins Kings Head. Ich willigte ein. Im Kings Head waren immer viele Leute, und notfalls konnte ich John dort aus den Augen verlieren, wenn er mich zu sehr langweilen würde. Doch John langweilte nicht nur, er entpuppte sich trotz seinen zarten zwanzig Jahren als Reagan-Anhänger der Rechtsaußensorte und ließ mir außerdem keine Chance, ihn aus den Augen zu verlieren. Nach einer Weile, in der ich belanglos genickt und Bier getrunken hatte, wandte ich mich einfach ab, der Bühne des Pubs zu. Dort standen drei Typen, Bass, Gitarre und Geige. Sie hießen „The Rabbit Brothers“ und nudelten Irish Folk.

Ich war dabei, die fünfte Runde zu holen, von der ich mir

erhoffte, dass sie John, dessen Blicke trübe und dessen Knie weich geworden waren, entgültig schaffen würde. Der Rabbit-Gitarrist, der gerade pausierte, rempelte mich beim Anstehen an. Er entschuldigte sich und ich sagte etwas belangloses wie: „Es ist schwer heute abend, ein Bier zu kriegen." Er nickte, schaute mich eine Weile an und fragte, woher ich sei. Ich sagte es. Er fragte, ob ich Musik mache, und ich machte die für Gitarristen typische, zögerliche zuckende Bejahungsgeste mit den Schultern. Sein Blick wurde starr. Dann sagte er: „In dem Fall wirst du für uns singen!" Er würde keine Widerrede dulden. Ich holte die zwei Pints, allerdings, um sie selbst zu trinken. John konnte warten. Bruder Rabbit ging zurück auf die Bühne, sie spielten ein paar Lieder, dann sagte er, dass es da einen Tom aus der Schweiz gebe, der gerne ein Lied spielen würde. Ich hatte mich inzwischen für ein Stück der untadeligen schottischen Gruppe „Jack the Lad" entschieden. „The Wurm" war das einzige auch nur halbwegs folkloristische Lied, das ich spielen konnte. Als Schweizer in einem irischen Pub ein schottisches Stück spielen, schien mir irgendwie genau das richtige zu sein.

Das etwa zweihundert Nasen zählende Publikum begrüßte mich mit: „Yodel! Yodel! Yodel!" Ich verzieh den Iren und übernahm die Gitarre.

Der Vorteil an sechs Pints ist, dass die Stimme gleich vom ersten Ton an sitzt, und man Aufforderungen zum Jodeln blitzartig mit Kastrationswitzen parieren kann. Dann sagte ich, dass ich nun ein Lied singen würde, worin es um eine Jungfrau und einen Drachen ginge. Das Publikum applaudierte. „Sind leicht zu begeistern diese Iren", dachte ich und legte los. Nach zwei Strophen wurde mitgeklatscht und am Schluss getobt. Ich verabschiedete mich, der Rabbit-Gitarrist machte eine Handbewegung in meine Richtung, lächelte und sagte „Tom from Switzerland." Applaus, Gelächter und Yodel! Rufe.

John war auch ohne das fünfte Pint so besoffen, dass er meinen Auftritt gar nicht mitbekommen hatte und mich lallend fragte, wo ich denn gesteckt hätte. Ich sagte, ich sei auf dem Klo gewesen und er solle uns gefälligst Bier holen. Er torkelte wortlos zur Bar. Das Bier wäre perfekt gewesen, aber es wurde von einem John begleitet, der geifernd über all die Penner und Junkies fluchte, denen er allen am liebsten einen Arschtritt verpasst hätte. John schien in keinster Weise zu stören, dass ich mich wiederum abgewandt hatte. Er begann stattdessen, andere Leute anzulabern, die zufällig herumstanden. Seltsamerweise ging er denen überhaupt nicht auf den Nerven. „Sind halt einfach ein großmütiges Volk, die Iren", dachte ich. Ein paar Biere folgten noch und irgendwann spielten die Rabbit-Bothers wie jeden Abend die irische Nationalhymne. Alle erhoben sich. Dann war plötzlich emsiges Treiben, eilig aber dennoch organisiert verließen die Leute das Pub. John und ich folgten ihnen.

Auf der Strasse sah ich den Grund dafür, dass die Iren John gemocht hatten: Es waren gar keine Iren, sondern Amerikaner, die gerade in Reisecars verfrachtet wurden. Verdammt, die einzigen Iren in dem Pub waren das Personal und die Rabbit Brothers gewesen, und nicht mal bei denen war ich mir ganz sicher, ob es sich dabei nicht um auf Iren gestylte Amerikaner gehandelt hatte. Irgendwie fühlte ich mich verarscht, ja, ein wenig wie eine Jungfrau, die durch einen dummen Zufall in den Rachen eines Drachen geraten war. Doch schließlich dachte ich: „Was soll's, eine Menge Schweizer Bands schaffen es nicht einmal in Amerika, vor zweihundert Amerikanern zu spielen." John winkte seinen Landsleuten beim Wegfahren zu, dann begann er wieder damit, dass man die verdammten Nichtstuer und Versager in Amerika und überall auf der Welt alle mal richtig in den Arsch treten sollte. Ich schaute ihn mir an. Er konnte sich kaum noch aufrecht halten. Er hatte recht. Ich hasste Versager auch. Ich gab ihm einen Tritt in den Arsch. John öffnete den Mund und gab etwas von sich, das entfernt an Jodeln erinnerte.

ERFOLG HABEN Heute wird ein ganz besonderer Tag, du fühlst es, du riechst es, und du gehst zu allem bereit hinaus ins Treppenhaus, und noch vor der ersten Stufe trittst du auf eines dieser Spielzeugautos, die für Bälger mit Gewaltambitionen entwickelt worden sind, also ganz und gar unzerstörbar und mit einem super Fahrwerk, das dich ohne mit der Achse zu zucken an den Rand der Treppe fährt, wo du den Death Raker – so heißt das Ding – gegen die Decke des Treppenhauses abschießt, während du selbst nach hinten fällst und mit dem Kopf auf die Kante der ersten Stufe aufschlägst, was dich im Nu in eine etwas andere Welt befördert, und der Death Raker-Bengel schaut aus der Tür und begreift, wozu unzerstörbare Autos gut sind und was seine Großmutter gemeint hat, als sie zu ihm sagte, um etwas zu erleben, müsse man nicht immer gleich die Glotze anwerfen, nämlich, dass die beste Reality Show immer noch das Leben selbst ist, und dass Arme, die sich in Natura in den Stäben des Treppengeländers verfangen und abgedreht werden, einfach besser, ja irgendwie lebensnaher aussehen als die in der Kiste, doch zu diesem Zeitpunkt hast du die Treppe schon hinter dir gelassen und durchschlägst gerade live die Doppelverglasung eines tiefliegenden Fensters mit viel Geklirr in Dolby und mit Glassplittern, die auf die Strasse regnen, wo es ein großes Hallo gibt und die Leute die Köpfe heben und sehen, dass sich da etwas an die kleine Fensterbrüstung klammert, das mit dem einen schlaffen Arm aussieht, wie die ausgediente und schlecht gekleidete Gummipuppe eines SM-Typen, der sie mit Wasser gefüllt haben muss, denn so schnell, wie sie jetzt fällt, fällt keine luftgefüllte Puppe, kombinieren die einen, doch würde aus den Lecks einer wassergefüllten Puppe Wasser und nicht Blut spritzen, sagen die andern, und sie könnte sich auch niemals an die Fahnenstange klammern, wie du es halb bei Bewusstsein instinktiv getan hast, in der Hoffnung, deinen Fall die restlichen vier Stockwerke hinunter zu verhindern, vier Stockwerke, eine absolut tödliche Dosis, doch Fahnenstangen sind auch nicht mehr das, was sie mal waren, und die Luft ist auch so schlecht von dem vielen Verkehr hier draußen, da müsste man unbedingt mal was unternehmen, und halb bricht die Stange, halb lässt du sie los, und noch nicht mal andere fallende Leute in Sicht, mit denen man eine Selbsthilfegruppe hätte gründen können, und so bleibt dir nichts anderes übrig, als dein Leben vor deinen Augen vorüberziehen zu lassen, was ein wenig enttäuschend ist, weil du dabei merkst, dass du eigentlich gar kein Leben gehabt hast, alles nur Schall, und da hättest du auch gleich rauchen können, denkst du, als du kurz nachdem dein Blut das Trottoir mit einer dünnen Schicht

Tortenguss versehen hat, selbst auf das Pflaster aufschlägst, nicht ohne vorher von einem Pfosten durchstoßen worden zu sein, und zwar so, dass seine kindersichere, abgestumpfte Spitze dein Herz durch die Brust aus dem Körper gepoppt hat, wie eine Entkernungsmaschine den Kirschkern – da bekleckert man sich doch auch immer so schrecklich –, und wenn du Glück hast, landet es vor den Füssen deiner Nachbarin Alice, die du doch immer hast ansprechen wollen, es aber nie gewagt hast, und wenn du Pech hast, vor den Füssen des Hauswarts, der es seinen sieben Katzen verfüttert und damit ihre neunundvierzig Leben verlängert, das heißt, achtundvierzig, denn auf eine von ihnen bist du noch gefallen, aber Glück und Pech liegen ja so nahe zusammen und sind seit jeher relative Begriffe, wie auch Leben und Tod, denn irgendwie lebt man ja weiter in den andern, wenn man stirbt, was aber nicht sehr tröstlich ist, wenn du bedenkst, das du dann auch in deinem bescheuerten Cousin Herbert weiterleben müsstest, ja, der mit den fettigen Strähnen und der aufdringlichen Akne, die von den Mengen Pommes herrührt, die er in seinem Teller jeweils zuerst zusammen mit dem Ketchup vermantscht, um dann auf dem Löffel, mit dem er sie in sich hineinschaufelt, ein möglichst hohes Frittengewicht zu erreichen, und du fragst dich, ob du in diesem Körper überhaupt leben willst, und so kannst du von Glück sagen, dass dich der Pfosten so sauber durchstoßen hat und es Verkehrstote und verwegene Mediziner gibt, die dir Schwupps! ein neues Herz einpflanzen, den Arm wieder einrenken + ein paar Pflaster und Kompressen hier und da, und du noch am selben Tag entlassen wirst, heimkehrst und es nicht nur schaffst, dem Balg eine zu langen, der den Scheiß-Death Raker im Treppenhaus liegengelassen hat, sondern auch, bei deiner Nachbarin Alice zu landen, die dir vorschlägt, doch gleich zur Sache zu kommen, und das tut ihr, allerdings nicht allzu heftig wegen dem Herz und dem Arm und den Katzen des Hauswarts, die bei Geschlechtsakten immer so herzzerreißend miauen, besonders dann, wenn sie Herz gekriegt haben, und schließlich gibst du Alice einen letzten Gutenachtkuss und kannst stolz auf einen etwas aufreibenden aber auch erfolgreichen Tag zurückblicken.

LEUTE KOMMEN, LEUTE GEHEN Es war am späteren Vormittag. Mirko stand hinten auf dem Müllwagen. Als er zurückblickte, sah er den Leichenwagen, der gemächlich hinter ihnen herfuhr. Kein Gegenverkehr. Der Müllwagen fuhr nicht schnell. Der Leichenwagen hätte sie leicht überholen können, ohne dabei über Gebühr schnell zu fahren und damit Gefühle zu verletzen. Mirko mochte es nicht, wenn jemand hinter ihnen fuhr. Machte der Müllfahrer eine Vollbremsung und fuhr einer hinten in den Müllwagen, hätte er vielleicht nicht genügend Zeit, noch in die Mulde hineinzuspringen. Er würde sich zwar reflexartig noch an den Haltegriff klammern, aber seine Beine würden in Fetzen an ihm herunterhängen.

Mirko wollte schon ein Zeichen zum Überholen geben, wie er das normalerweise gemacht hätte, aber aus irgendeinem Grund besann er sich eines anderen.

Dennoch blickte er immer mal wieder zurück und plötzlich merkte er, dass der Fahrer des Leichenwagens das Seitenfenster herunterließ. Eine Hand kam heraus und winkte langsam.

Dann ging die Scheibe wieder hoch, der Leichenwagen ließ den Motor aufheulen und fuhr an ihnen vorbei.

Später sagte ihm der Fahrer des Müllwagens, dass sie in den dienstfreien Stunden jeweils auf Abruf Leichentransporte machten.

„Mit der Zeit", sagte Mirko weiter, „werden solche Dinge normal. Und Hausmüll und Leichen weisen auch einige Gemeinsamkeiten auf. Doch regt sich immer noch bei vielen Leuten Widerstand, wenn ihre toten Angehörigen, die sie oft zwar ebenso wie den Müll so schnell wie möglich aus dem Haus haben wollen, von dem Mann abgeholt werden, der am Morgen jeweils einen solchen Krach macht. Jedenfalls sollte man den Hinterbliebenen zuliebe dafür sorgen, dass man unter der Woche stirbt, da dann die Müllfahrer meistens beschäftigt sind und höchstens in der Mittagspause einen Auftrag ausführen können.

Dann erzählte Mirko von einer Begebenheit, die sich anscheinend in der Stadt ereignet hatte. Einem Geistlichen dort wurde nachgesagt, er befasse sich heimlich mit Pornografie. Hefte, Filme und so weiter. Dabei handelte es sich um ein Gerücht, das von einem Jugendlichen, dem man im Religionsunterricht die neue Nummer von „Tittenbastler" konfisziert hatte, in die Welt gesetzt worden war. Er erzählte überall, im Müllsack des Pfarrers sei Tierpornografie gefunden worden, nachdem ein Hund diesen aufgebissen habe. Bald wurde der Müll vor dem Pfarrhaus von irgendwelchen Lümmeln regelmäßig untersucht und auf dem Gehsteig verstreut, was dem Pfarrer schon wegen der Müllmänner peinlich war. Er begann, die Säcke in einen Container in der Nähe zu werfen, was auch nicht unbeobachtet blieb. An dem Gerücht schien also etwas dran zu sein. In seiner Verzweiflung verfiel er schließlich darauf, seinen Müll in das Krematorium zu schaffen und ihn, wenn dies möglich war, dem einen oder anderen Leichnam hinterher zu schieben. Doch der Kremierungsbeamte schöpfte Verdacht, erkannte die Notlage des Pfarrers und erpresste diesen. Weil der Pfarrer sich in keiner Weise schuldig fühlte, und nicht einsah, weshalb ihm aus der Situation ein finanzieller Verlust entstehen sollte, zweigte er das Geld für den Erpresser von der Kollekte ab. Dies wiederum entdeckte ein Kirchendiener. Er meldete es der Kirchenaufsicht, die den Geistlichen sofort seines Amtes enthob, ihn aber nicht verzeigte, da dieser aussagte, er habe lediglich verhindern wollen, dass der Ruf der Kirche geschädigt würde. Das Gremium kam in einem nicht veröffentlichten Bericht dazu, dem Pfarrer sei eigentlich kein Vorwurf zu machen, da er im Wesentlichen im Interesse der Kirche gehandelt habe. Doch hielt man es für besser, wenn er an einem anderen Ort (ohne Krematorium) weiterpredigte. Dem Kremierungsbeamten, an dessen Loyalität mit Recht gezweifelt wurde, gab man eine großzügige Abfindung, an die absolutes Stillschweigen ge-knüpft war, und schickte ihn zum Teufel. Man hatte ihn richtig eingeschätzt, er setzte die Abfindung in kürzester Zeit in Alkohol um, und bald lallte er derart, dass ihn niemand mehr ernst nahm, wenn er die Geschichte herumerzählte.

Verschiedene Leute waren inzwischen an den Tisch gekommen und hatten interessiert zugehört, doch sie gingen wieder, als Mirko davon erzählte, wie er einmal ein totes Ferkel gesehen hatte, das auf dem Müllwagen so zwischen Pressklappe und Boden des Laderaumes geraten war, dass nur noch zwei Hinterbeine und sein Hintern zu sehen gewesen waren. Mirko beschrieb, wie durch den Druck der Pressklappe langsam der Darm des Ferkels aus seinem After rausgedrückt wurde und dann in die Mulde hing.

DIE SONNENBRILLE Heute schaut Mirko Videos. Genauer: Recycling-Videos. Als er damals in der Zeitung las, dass dringend Leute gesucht würden, um die Überwachungsvideos von den Sammelstellen auf Unregelmäßigkeiten zu prüfen, meldete er sich auf der Stelle beim Straßeninspektorat. Er hatte eine sehr persönliche Beziehung zu den Sammelstellen. Am liebsten mochte er sie abends, wenn sich die glutrote Sonne darin fängt und sie wie Kathedralen leuchten lässt. Auch seine Frau hatte er bei der Sammelstelle kennen gelernt, genauer gesagt, beim Altglas-Container. Er sagte zu ihr, er sei farbenblind und wisse nicht, in welchen Behälter er seine Flaschen werfen soll. Sie fand das so süß, dass sie sich auf der Stelle in ihn verliebte. Sie haben zwei Kinder. Jetzt, da diese schon ein bisschen älter sind, gehen sie jedes Jahr als Strasseninspektoren an die Fasnacht. Sie nehmen das sehr ernst. Wenn sie jemanden Confetti oder Luftschlangen werfen sehen, bauen sie sich vor ihm auf und brüllen: „Schon mal was von Abfalleimern gehört?“ Die Leute sind dann immer sehr betroffen, ihre Maske nützt ihnen da gar nichts mehr, sie fühlen sich bloßgestellt und lachen verlegen.

Mirko kümmert sich tagsüber um den Haushalt und nachts schaut er sich Videos an. Sieht er ein Vergehen, meldet er es dem Straßeninspektorat. Die Leute da sind sehr motiviert. „Billigentsorger“, sagte kürzlich der Straßeninspektor vor der Presse, „werden knallhart verfolgt.“ Da kennen sie gar nichts.

Seit einer gewissen Zeit werden die Bilder von den Sammelstellen auch live ins Internet eingespiesen, um die Delinquenten global bloßzustellen. Leider kommen deshalb aber auch immer mehr Leute an die Sammelstellen, die gar nichts recyclen sondern sich nur zeigen wollen. Die Stadt ist in letzter Zeit zu einem wahren Treffpunkt für Exhibitionisten geworden. Uwe L. und Andrea T. beispielsweise reisten extra aus Aachen her, um sich bei der Schützenwiese, einer laut Straßeninspektorat „schlecht sozialisierten" Sammelstelle, auszuziehen und sich zu 240 BPM-Gabba mit unnatürlich weit aufgerissenen Mündern ekstatisch zu bewegen. Von einem Videojournalisten des lokalen Senders auf ihre Beweggründe angesprochen sagten sie, es sei einfach „eine total coole Sache, sich in diesem einmaligen Ambiente der Welt zu präsentieren." Das sei besser als die Loveparade, und außerdem spreche auch der nahe gelegene Flughafen für den Exhibitionismus-Standort hier. Das Ganze entpuppte sich zwar als etwas verzweifelt anmutende Werbe-Strategie des Stadtmarketings, was aber nicht verhinderte, dass seither an den Sammelstellen in Sachen Medien die Hölle los ist. Diverse Fernsehstationen wollen täglich im Nachtprogramm die besten Stellen aus dem Überwachungsvideomaterial senden. Währenddessen brachte die Verbindung Kameras und Container den Programmchef von TV3 auf ein neues Format. Derzeit wird der Titelsong dafür produziert. Laut TV3 sollen die acht Teilnehmer jeweils während zweier Monate einen Container bewohnen. Besuche in andern Containern sind erlaubt. Natürlich werden die Kandidaten dazu angehalten, sich möglichst interessant zu benehmen, sich also beispielsweise mit abgeschlagenen Flaschenhälsen zu bedrohen oder miteinander Sex zu haben. Etwa 30.000 Kandidaten haben sich bereits beim Sender gemeldet.

Trotz all des Rummels geht Mirkos Arbeit weiter: Denn wer falsch entsorgt, hat meist noch mehr auf dem Kerbholz. Diese Regel bestätigt sich immer wieder, wie auch der Fall K. zeigt. K. wurde dabei gefilmt, wie er Braunglas in den Weißglas-Container warf. Das wäre an und für sich noch nichts sehr Schlimmes gewesen. Bei genauem Hinsehen stellte sich jedoch heraus, dass es sich dabei um Gläser einer auffälligen Sonnenbrille handelte, die als Accessoire eines entführten Tessiner Politikers in der Tagesschau zu sehen gewesen war. Anhand des Nummernschildes von K.s Alfa konnte leicht dessen Adresse ausfindig gemacht werden. Er wurde in seiner Wohnung bei dem Versuch ertappt, die Leiche des Politikers in einem Säurebad aufzulösen. Dass er schwor, er hätte die künstlichen Hüftgelenke ganz bestimmt in den richtigen Altmetall-Container geworfen, erzeugte in den Gesichtern der Spezialeinheit nur ein müdes Lächeln. K. entpuppte sich als Mitglied der berüchtigten Russi-Mafia, einem streng hierarchisch organisierten Clan, der im Bereich Baugewerbe, Autohandel und Pisten-Design in korrupten Skiorten und im Tessin operiert. Der Politiker war dazu benutzt worden, die Tessiner Regierung zu erpressen, damit ein der Russi-Mafia zugehöriger Bauunternehmer den Zuschlag für den Bau einer Müllverbrennungsanlage bekäme. Als sich abzeichnete, dass ein dem Bignasca-Clan nahe stehender Unternehmer den Bauauftrag bekommen sollte, beschloss die Russi-Mafia, ein Exempel zu statuieren. Ob die Erpresser je aufgeflogen wären ohne das hiesige Müllwesen, ist fraglich. Mirko, der damals mit die Bänder angeschaut und der Polizei die wichtigen Hinweise geliefert hatte, bekam eine Ehrenmedaille und erschien in den Nachrichten. Die Reporterin hatte dieses scheinbar interessierte Lächeln auf den Lippen, als Mirko erzählte, wie er K. dabei ertappt hatte die Brille zu entsorgen, aber sie machte dem Kameramann hastige Handzeichen, auszuschalten, als Mirko das Thema wechselte und plastisch darstellte, wie einmal ein Ferkel auf dem Müllwagen so zwischen Pressklappe und Boden des Laderaumes geraten war, dass nur noch zwei Hinterbeine und sein Hintern zu sehen gewesen waren und wie durch den Druck der Pressklappe langsam der Darm des Ferkels aus seinem After rausgedrückt wurde und dann in die Mulde hing.

SEX Wie damals, als Wok die Robbe im Internet erschien, Yves (14) aus Bern richtig mailte, bedeuteten die gemorsten Sätze in der vorherigen Wok-Episode: „Hey Wok!“ – „Wir verstehen uns!!“ beziehungsweise: „Hey Görk!“ – „Wir verstehen uns!!“ Leider musste ich Silvia (42) aus Uzwil enttäuschen: Die Stelle war keine Anspielung auf die Kommunikationsproblematik in Zoë Jennys Buch „Der Ruf des Muschelhorns“ sondern sollte nur zum Ausdruck bringen, wie gut sich Wok, die Robbe, und Görk, der biertrinkende Inuit-Schlagzeuger, verstanden. (Und dies obwohl sie grundverschieden waren!)

Nun aber noch für die jüngeren LeserInnen dieses Buchs eine schlechte Nachricht: Diese Folge hier enthält Sex und ist demnach nichts für die jüngeren Leser und Leserinnen.

Also bitte nach diesem Satz nicht weiterlesen!

Nachdem seine Cousine, die er abgrundtief geliebt hatte, von den Robbenfängern erschlagen worden war, hatte sich Wok geschworen, nie mehr eine feste Beziehung mit einer andern Robbe einzugehen. Der Schmerz war einfach zu groß gewesen. Doch je älter er wurde, desto mehr verspürte er ein bestimmtes Verlangen in sich. Diesem jedoch einfach nachzugeben und flüchtigen und emotionslosen Sex mit irgendwelchen andern Flossenfüßern auszuüben, weigerte er sich.

Zum Glück begegnete er eines Tages Xola. Sie wohnte in einem nahen Dorf. Dort galt sie als sehr sonderbares Wesen. Tatsächlich war Xola eine Außerirdische, die nach einem Defekt des Bi-Vibratorsystems in ihrem Meno-Drive auf der Erde hatte notlanden müssen und in Ermangelung eines vernünftigen Diafraktors von hier nicht mehr weg kam. Und Xola war eigentlich auch keine Frau. Einfach ausgedrückt war sie eines der siebzehn Geschlechter, die auf ihrem Heimatplaneten zur Fortpflanzung benötigt wurden. Zufälligerweise wies dieses Geschlecht abgesehen davon, dass es als Merkmale an Bauch und Rücken seltsame Körperöffnungen hatte, eine gewisse Ähnlichkeit mit den Menschen auf. Deswegen fiel Xola auf der Erde auch nicht übermäßig auf. Sie richtete sich gemütlich ein, stellte ihr Smart-Plasma-Modem auf die Parameter des Internets ein und begann, mit der Welt zu kommunizieren und melancholische hundertfünfzig-Zeiler zu produzieren. Einige Zeilen daraus, wie „Weg von hier!" oder „Der Weg ist das Ziel" wurden gleich von der Autowerbung gekauft, wodurch Xola auch ein bisschen was verdiente.

Die meisten Männer hätten sich nicht auf ein Abenteuer mit Xola eingelassen und sich schon allein von all den vulva- und mammokratischen Accessoires in ihrer Hütte wie etwa der Bubble-Gun, dem Staubsauger oder diesem seltsamen Noppending an der Wand abschrecken lassen. Doch Wok war anders: Ihn kümmerte nicht, was bei einem ein Lebewesen zuhause hing und wie viele Geschlechtsmerkmale es hatte.

Als sie sich das erste Mal begegneten, sahen sie sich an und wussten beide, das dies eine wundervolle Freundschaft auf der Basis von gegenseitigem Vertrauen und Verständnis werden würde. Und bald stellte sich heraus, dass die beiden auch körperlich gut zueinander passten: Auf Xolas Heimatplaneten war Sex etwa so interessant wie hier das

Programm von Wetterkanälen. Und Wok? Er reagierte wie die meisten höherentwickelten männlichen Lebensformen auf der Erde. Er suchte sich eine Körperöffnung und erlebte die schönsten zehn Sekunden seines Lebens.

TOTAL KORREKT KINDER! Find ich ja super, dass ihr in der letzten Folge auf mein Anraten hin an der Stelle, wo das mit dem Sex kam, nicht mehr weitergelesen habt! Das zeigt doch, dass ihr viel vernünftiger seid, als wir Erwachsenen gemeinhin annehmen. So, und jetzt leider nochmals eine schlechte Nachricht: Bitte lest nur noch diesen Satz zu Ende, weil das Folgende wiederum von Woks Sexualleben mit dem Alien Xola handeln wird (und dabei die Körperflüssigkeiten nur so hochspritzen werden).

Als Wok die Robbe noch als Download verfügbar war, mailte mir ein enttäuschter Timo(37), dass die Beschreibung von Sex zwischen einer Robbe und einem außerirdischen Wesen mit vorwiegend weiblichen Merkmalen die Würde sowohl des Tieres verletze, als auch jene der Außerirdischen. (Mit letzteren stehe er übrigens ständig in Kontakt, und er könne nur sagen, dass sie ziemlich aufgebracht seien und deshalb die Welt bald von einer Katastrophe heimgesucht werde.) Außerdem frage er sich, was denn eigentlich die Geschichte von Wok, der Robbe, zur Lösung der globalen Probleme beitrage.

Eine ganze Menge. Der am meisten verbreitete Irrtum der Menschheit ist, dass außerirdisches, intelligentes Leben für sie sichtbar sein müsste. Deshalb ignoriert sie auch hartnäckig die Ratschläge, die uns täglich aus dem All erreichen und die alle Probleme der Welt auf einen Schlag lösen könnten. Tatsächlich haben die Bewohner anderer Planeten mit denselben Dingen zu kämpfen wie wir. Mit der Überbevölkerung zum Beispiel. Ein interessantes Mittel dagegen existiert schon seit einer geraumen Zeit: Die Miniaturisierung. Man erkannte, dass man sich mit Bonsai-ähnlichen Methoden und ein paar gentechnologischen Tricks zu einem geradezu mikroskopisch kleinen Lebewesen schrumpfen konnte. Ein Planet, auf dem die Miniaturisierung zur Perfektion getrieben wurde, war derjenige der Quonks. Die Methode der friedliebenden Quonks war derart effizient, dass feindselige Kreaturen alles daran setzten, hinter deren Geheimnis zu kommen. Selbstverständlich nur, um alles außer sich selbst zu schrumpfen und damit entgültig zu Herrschern über das Universum zu werden. Aber die Quonks miniaturisierten sich derart schnell, dass sie bald alle auf einem kleinen Meteoriten Platz hatten. Sie flüchteten damit und verteilten sich im ganzen Universum, bereit, allen friedliebenden Völkern die Chance zu geben sich gegebenenfalls ebenfalls zu miniaturisieren. Die Quonks waren so friedlebend und dabei doch so revolutionär, dass es bald als politisch chic galt, einen Quonk zu beherbergen. So wurden sie zu einer Art Modeschmuck, so wie hier etwa Zungen-piercings, nur fast unsichtbar. Nun, die geneigte Leserin ahnt es bereits: Auch Woks Freundin Xola beherbergte einen Quonk. Und wo? Das ist nicht ganz leicht zu sagen, denn Quonks waren so klein, dass sie sich den Gesetzen der Quantentheorie hatten unterwerfen müssen. Ganz nach Art der Unschärferelation wusste man deshalb entweder, wo sich ein Quonk aufhielt oder was er ass, aber nie beides zusammen. Doch soviel war, was Xola betraf, klar: Ihr Quonk fraß Robbenspermien. Als Xora dies Wok in einem romantischen Augenblick erzählte, dachte Wok nicht etwa daran, wie seine potentiellen Nachkommen an irgendeinem Strand in Xolas Körperinnerem auf brutalste Weise abgeschlachtet wurden, er dachte, und darin unterscheidet sich eben die Superrobbe von ihren Artgenossen:

„Ich muss auch so einen Quonk haben!"

Aber wo sollte er ihn unterbringen?

Es ist so einfach, glücklich zu sein Die Therapie war erfolgreich. Frentzen zeigte ein ausgesprochen großes Interesse daran. Er hörte Dr. Ingold aufmerksam zu, nickte besorgt, wenn er ihm die Gründe für seine Krankheit erklärte, ließ seine Miene aufhellen, wenn er sagte, dass der Fall keineswegs aussichtslos war, und lachte, wenn er eine Anekdote aus seiner Studienzeit erzählte.

Dr. Ingold notierte nach jeder Sitzung fein säuberlich, welche Methoden er angewandt hatte und wie erfolgreich sie gewesen waren.

Frentzen lernte eine ganze Menge über sich selbst, über seine Vergangenheit und über sein Verhalten.

Der Pflichtverteidiger hatte damals für die Überführung in die Psychiatrie plädiert. Er ließ ein Gutachten anfertigen. Der Arzt, der sich dafür verantwortlich zeigte, hielt schließlich einen einstündigen Vortrag, in dem er stichhaltig nachwies, dass der Mann, den sie verurteilen wollten, nicht derselbe war, welcher sich im Park entblößt hatte, dass diese beiden Menschen in einem Körper wohnten und dass sie nichts dafür konnten, weil Kindheit und das soziale Umfeld und so weiter und so weiter.

Während der ganzen Verhandlung hörte Frentzen aufmerksam zu und vergaß vollkommen, dass es sich bei dem Angeklagten um ihn selber handelte. Gleichzeitig freute er sich aber darüber, dass er bei dem Fall eine so wichtige Rolle spielte. Nur der Staatsanwalt machte ihm ein bisschen Angst, weil, er schaute immer so seltsam, wenn er ihn etwas fragte, und meistens interessierte er sich gar nicht dafür, was er antwortete, und redete einfach weiter.

Der Richter ließ die Verhandlung nach Beendigung der Beweisaufnahme und nach der Anhörung verschiedener Zeugen und des Vortrags des Arztes vertagen. Er wollte vor allem das Gutachten nochmals genauer durchlesen.

Als er zuhause in seinem Arbeitszimmer saß und nach wiederholtem Lesen, bei dem er in der linken Hand den Bericht und in der rechten das Fremdwörterlexikon gehalten hatte, verstand, dass es sich bei der Psychologie um eine sehr komplexe Wissenschaft handelte, legte er ihn zur Seite und dachte, es sei wohl am einfachsten, dem Herrn Doktor einfach zu glauben.

Frentzen sah sich plötzlich in einem vollkommen anderen Licht. Er lernte, dass viele Dinge, die er über andere Leute gedacht hatte, in Wirklichkeit auf ihn selbst zutrafen, und dass viele Dinge, die, wie er früher gemeint hatte, andere getan haben, in Wirklichkeit er selbst getan hatte.

Außerdem konnte ihn Dr. Ingold davon überzeugen, dass andere Leute gute Gründe haben konnten, seinen Penis nicht anschauen zu wollen.

Er lernte etwas über menschliche Bedürfnisse, Triebe, Liebe und Hass, und dass er manchmal Dinge tat, an die er sich im Nachhinein nicht erinnern konnte. Er lernte, dass er, wenn er seine dunklen Seite kennen lernen und diese akzeptieren würde, ihnen auch entgegenwirken konnte.

Er musste lernen, das Übel bei der Wurzel zu packen.

Nach etwa einem Jahr unterbrach Dr. Ingold die Therapie, sie hatten gute Fortschritte gemacht, und er glaubte, die Sache mit gutem Gewissen ruhen lassen und in die wohlverdienten Ferien gehen zu können.

Sein Patient wünschte ihm einen schönen Urlaub und versprach ihm, an sich zu arbeiten.

Dr. Ingold blickte ein wenig befremdet, weil er ihm nichts Derartiges nahegelegt hatte, doch schließlich lächelte er und sagte: „Ja, tun Sie das."

Er fühlte sich durch die große Zuneigung, die ihm der Mann entgegenbrachte, irgendwie geschmeichelt obwohl er wusste, dass das alles andere als professionell war.

Er ging in sein Büro, legte die Mappe auf den Tisch, blickte sich befriedigt um und verließ es wieder.

Er verließ das Gebäude, ohne sich vom Ärztestab zu verabschieden. Draußen auf dem Platz begegnete er nochmals seinem Patienten, der ihm erfreut die Hand entgegenstreckte und ihm schöne Ferien wünschte. Er verbeugte sich sogar leicht und winkte ihm nach, bis er in seinen Wagen gestiegen und losgefahren war.

Frentzen schien wirklich großen Respekt vor ihm zu haben.

Dr. Ingold fühlte sich wie beschwingt, er machte das Autoradio an und pfiff, was er sonst nie tat, das Lied mit, das daraus ertönte:

Es ist so einfach, glücklich zu sein …

Frentzen war zwar immer noch freundlich und zuvorkommend, und er ging auch noch jeden Tag hinunter in die Werkstatt, um dort kleine Arbeiten zu verrichten, die ihm aus therapeutischen Gründen verordnet worden waren. Doch irgendwie schien ihm die Freude daran vergangen zu sein. Er verabschiedete sich immer früher vom Leiter der Werkstatt, ging hoch in sein Zimmer, setzte sich auf einen Stuhl und starrte zum Fenster hinaus.

Nachts hatte er verworrene Träume. Das war zwar nichts Besonderes. Er hatte auch schon früher verworrenes Zeug geträumt, aber seit der Therapie war es nicht mehr das Gleiche. Er konnte nicht mehr einfach nur so träumen. Nein, er wachte plötzlich auf, und dann fragte er sich, was er nun schon wieder geträumt hatte, und die Gedanken darüber waren noch verworrener als die Träume selbst und beschäftigten ihn derart, dass er nicht mehr weiterschlafen konnte. Er lag wach im Bett und schaute entweder aus dem Fenster hinaus oder er betrachtete das Schattennetz der Gitterstäbe auf der gegenüberliegenden Wand, das durch die Bewegung des Mondes ständig wanderte oder sich verzog, wenn der Nachtwächter den Schein der Taschenlampe über die Mauern gleiten ließ oder wenn das Licht eines Scheinwerfers die Anstalt traf.

Immer mehr verhedderten sich seine Gedanken in diesem Netz und formten darin immer neue Gebilde.

Schließlich ließ er nachts das Licht brennen, um vor dem Schattenwurf des Gitters sicher zu sein.

Es gelang ihm nun wieder, wenigstens für eine oder zwei Stunden zu schlafen.

Eines Morgens wachte er auf, und die weiß getünchte Wand gegenüber dem Bett, die vom Schein der brennenden

Lampe noch leicht erhellt wurde, schien ihm plötzlich die Antwort zu geben auf die Frage, warum in seinem Leben so vieles schiefgelaufen war.

Es war eine hübsche, weiß getünchte Antwort darauf, wie alle Probleme, die er hatte, auf einen Schlag gelöst werden könnten.

Er stand auf und zog sich an.

Er frühstückte.

Er ging hinunter zur Werkstatt und fragte den Hausmeister, ob er sie ihm aufschließen könne. Eigentlich sei es ja nicht die Zeit dafür, aber ihm sei eben so eine Idee gekommen.

Der Hausmeister, dem der Mann hin und wieder zur Hand ging, was er sehr schätzte, lachte und sagte, man solle niemanden abhalten, den die Bastelwut befalle. Er schloss die Werkstatt auf. Der Wunsch zu arbeiten sei ein Hinweis auf Kreativität, und Kreativität fördere die Heilung, war ihm von ärztlicher Seite des öfteren gesagt worden. Er ging in seine Loge und überließ Frentzen sich selbst.

Der Kaffee begann zu kochen, und er stellte den Gasherd ab. Er holte eine Tasse aus dem Schrank, stellte sie auf den Tisch, goss den Kaffee hinein, nahm zwei Stück Zucker aus der Dose, warf sie in den Kaffee und rührte um. Er setzte sich und schlug die Zeitung auf.

Als er den Schrei gehört hatte, sofort losgerannt war und den verzerrt lächelnden Mann mit heruntergelassenen Hosen auf einem Schemel sitzen sah, stieß der Hausmeister selbst einen Schrei aus. Seine Augen verharrten dabei auf der Blutlache, die um das rechte vordere Stuhlbein stetig wuchs. Dann schaute er auf die Beißzange, die der Mann zwischen zwei

Fingern baumeln und schließlich in die Blutlache fallen ließ.

Er rannte los und schrie um Hilfe.

Als Dr. Ingold nach seinen Ferien braungebrannt und erholt sein Büro betrat, fiel ihm gleich der braune Umschlag auf, der auf seiner Mappe lag.

Auf dem Umschlag stand sein Name. Er öffnete ihn und entnahm ihm ein Fähigkeitszeugnis, das ihn als vorbildlichen Arzt und Teamkollegen auswies. Er stutzte und zog das zweite Papier heraus.

Es war ein Schreiben, in welchem ihm der Ärztestab die Kündigung nahelegte.

Das dritte Papier war ein kurzer Bericht zuhanden des behandelnden Arztes.

Dr. Ingold las den Bericht.

Dann setzte er sich noch im Mantel und den grauen Schal um den Hals gewickelt, an die Schreibmaschine und schrieb eine Kündigung. Er packte die wichtigsten Unterlagen zusammen und legte sie auf ein Tischchen. Auf die Sachen legte er einen Zettel, auf welchen er wird abgeholt geschrieben hatte. Die Kündigung legte er auf seinen ehemaligen Schreibtisch.

Die Mappe und den braunen Umschlag steckte er in seine Aktentasche. Er ging zur Tür, schaute sich nochmals im Zimmer um und verließ es schließlich. Er stahl sich zum Fahrstuhl, nahm aber, nachdem er das Schild AUSSER BETRIEB gesehen hatte, die Treppe.

Die Schwester, die im Büro beim Ausgang des Gebäudes saß, war neu und kannte Ingold nicht. Sie grüßte ihn freundlich, er nickte kurz.

Es war kühl draußen. Nur wenige Insassen der offenen

Abteilung schlenderten in dicke Kleider gehüllt durch den kleinen dreieckigen Park, der zwischen den Seitentrakt, den Kiesweg und die Hauptstrasse eingelassen war.

Als zwanzig Jahre zuvor der seitliche Anbau bewilligt worden war, musste man die Strasse, die bis dahin gerade verlaufen war, mit einer hässlichen S-Kurve versehen, die um dessen Ecke führte. Niemand hatte damals protestiert, da die wenigsten ein schnelles Auto hatten, und die, welche eins besaßen, froh um jede Kurve waren, in der sie die Reifen quietschen und den Motor aufheulen lassen konnten. Seitdem aber die Strasse ausgebaut worden war und sich der Verkehr darauf immer mehr verdichtet und beschleunigt hatte, häuften sich auch die Fälle, in denen Autofahrer die Kurve vor der Anstalt nicht mehr schafften und geradewegs in sie hineinrasten.

Unter anderem passierte es, dass ein Betrunkener geradewegs durch die Gitter in die Ecke des Traktes gefahren war, in der wegen eines Umbaus die gekühlte Totenhalle eingerichtet war. Der Wagen hatte die nicht sehr starke Mauer durchstoßen, und der Mann, der nicht angeschnallt war, wurde durch die Windschutzscheibe geschleudert. Als man die Tür zur Halle öffnete, sah man ihn mit Glassplittern gespickt auf einer Frau liegen, die schon seit vier Tagen tot war.

Wäre der Mann nochmals aufgewacht, wäre er vor Schreck gestorben.

Die Mauer wurde repariert und verstärkt, aber mit einem etwas anderem Farbton versehen, und so blieb ein Mahnmal, an dem jeder Fahrlehrer seinen Schüler oder viel lieber natürlich seine Schülerin vorbeifahren ließ, und ihr das Knie tätschelnd einen Vortrag über angemessene Geschwindigkeit,

Gurttragen und den Tod hielt, aber auch über die angenehmen Seiten des Lebens, die man doch solange genießen sollte, wie man konnte.

Dr. Ingold nahm seine Mappe unter den Arm und machte sich auf den Weg über den Kiesweg, der zum Parkplatz führte. Er musste unbedingt daran denken, das Schild zu demontieren, auf welchem seine Autonummer und das Wort Reserviert standen. Aus irgendeinem Grund wollte er es niemand anderem überlassen.

Plötzlich hörte er hinter sich schwere Schritte durch den Kies scharren. Er drehte sich um und blickte in das selig lächelnde Gesicht seines ehemaligen Patienten.

Dieser schien ein wenig dicker geworden zu sein, und seine Stimme erschien Dr. Ingold etwas höher, als er sagte:

„Guten Tag, Herr Doktor."

Aber vielleicht war das ja auch nur Einbildung.

„Schön Sie wieder bei uns zu haben, wie war ihr Urlaub?"

Dr. Ingold lächelte gequält. „Ja, ganz in Ordnung, danke."

Das mit der Stimme war ganz bestimmt keine Einbildung.

Frentzen winkte ihn zu sich heran, und Dr. Ingold kam widerwillig näher. Er sprach leise und hielt die Hand neben den Mund, damit ihn außer Dr. Ingold niemand hören konnte:

„Sie können mit mir zufrieden sein ..." Er nickte und lächelte zufrieden.

„Ja, sicher", sagte Dr. Ingold. Aber er sagte es nicht zum Mann, er sagte es zu den Blumen, die neben dem Weg vor sich hinwelkten.

„Na dann", Dr. Ingold schaute seinen Patienten für einen Augenblick in die Augen und versuchte ein weiteres Mal zu lächeln, „...auf Wiedersehen."

„Auf Wiedersehen, Herr Doktor“, sagte Frentzen wohlwollend, aber entgegen der üblichen Sitte, nach der man sich nach dem Abschied umdreht und auseinandergeht, blieben beide stehen, Dr. Ingold, weil er glaubte, noch etwas sagen zu müssen und sein Patient, um ihm nachzuschauen, wie er zum Wagen ging und wegfuhr. Frentzen legte den Kopf etwas zur Seite und schaute Dr. Ingold fragend an.

Dieser glaubte, so etwas wie Spott in dessen Gesicht auszumachen.

Doch er täuschte sich.

Eigentlich hätte sich Dr. Ingold gerne entschuldigt, aber was nützte es, sich bei jemandem zu entschuldigen, der einem gar nicht böse war.

Er drehte sich um und ging zu seinem Wagen.

„Passen Sie auf sich auf“, rief jemand hinter ihm. Er zitterte, als er den Schlüssel ins kalte Zündschloss steckte.

Er vergaß das Schild, auf dem seine Autonummer und das Wort Reserviert standen.

Der Motor bockte, kam an, aber verröchelte gleich wieder.

Dr. Ingold sah Frentzen breitbeinig und leicht wankend auf ihn zukommen.

Fieberhaft drehte er den Schlüssel im Zündschloss.

Der Motor sprang schließlich an. Dr. Ingold stopfte den Schalthebel in den Rückwärtsgang und setzte mit Vollgas zurück.

Was Dr. Ingold nicht gemerkt hatte, war, dass sein Patient inzwischen schon hinter dem Wagen angelangt war, und fragen wollte, ob er anschieben solle. Dr. Ingold spürte den Ruck, hörte einen dumpfen Schlag auf seiner Karosserie. Er trat aufs Bremspedal. Dann drehte er den Rückspiegel zurecht, der sich durch den Aufprall leicht verstellt hatte. Über dem Kofferraum erschien ein Gesicht mit einer Platzwunde an der Schläfe.

Eine Hand Frentzens war zwischen Kies und Pneu ein bisschen angeschreddedert worden.

Frentzen hatte sich während Dr. Ingolds Abwesenheit angewöhnt, einfache Lösungen zu suchen.

Er hatte ein Problem.

Frentzen war ein Mann der Tat.

Er hatte zwei starke dicke Hände.

Eine hatte eine offene Wunde in der Handfläche, aus der zwischen losem Fleisch ein zersplitterter Knochen herauslugte.

Mit der anderen öffnete er die Autotür. Dann griff er damit in seine Hosentasche. Dr. Ingold blickte entsetzt in das blutverschmierte Gesicht und merkte nicht, das ihm Frentzen etwas hinstreckte.

Frentzen sagte: „Das ist für sie."

Es war ein zerknitterter Zettel.

Frentzen verschwand.

Dr. Ingold fuhr los.

Nachdem er eine Weile ziellos herumgefahren war, hielt er an einer Autobahnraststätte, ging hinein, holte sich einen Tee, setzte sich und begann zu lesen:

„Während ich das hier mit der linken Hand schreibe, gleitet meine Rechte langsam an meinem Bauch hinunter, durchpflügt das Schamhaar und umgreift langsam den Schaft meines Gliedes, anfangs zart aber dann immer fester. Mein Glied bläst sich auf wie ein Ballon. Wenn es groß genug ist, schneide ich es wiederum mit meiner Linken, die eine kleine Schreibpause einlegt, ab, ich wickle eine Schnur darum und befestige eine

Karte mit meiner Adresse daran. Dann öffne ich das Fenster und lass den Ballon in den blauen Himmel aufsteigen. Nach einiger Zeit wird er irgendwo in Kirgisien wieder sanft landen, ein Bauer wird die Karte, auf der vorsorglich schon ein paar kirgisische Marken kleben, finden, er wird einen Gruss darauf schreiben und sie, wenn er das nächste Mal Birnen einkaufen geht, in einen Briefkasten stecken. Wenn ich die Karte bekomme, wird mir schon ein neues Glied nachgewachsen sein und ich kann dem kirgisischen Bauern ein Dankesbrief schicken. Auch auf dem Luftwege, versteht sich. So entsteht schließlich ein reger Briefverkehr."

PLATEAUSCHUHE & AUTOS Hier ist sie wieder, die Geschichte von Wok! Und diesmal, Kinder, auch wieder ganz für euch! (Viele waren ja auch damals, als der Anschlag auf die Wok-Homepage noch nicht erfolgt war, ziemlich enttäuscht darüber, dass sie die letzten zwei Folgen nicht ganz lesen durften, wie viele Mails bezeugten. Einige nutzten aber auch die Lesezeitersparnis, schrieben lange Mails und schickten schöne JPEGs. Zum Beispiel Benno (9) aus Hamburg: Sein Bild von Wok gefiel mir sehr, obwohl Robben normalerweise nicht rot sind, keine Kühlerhauben haben und auch nur selten den Schriftzug „Testarossa" tragen.

Wok wünschte sich also nichts mehr, als in seinem Körper einen dieser revolutionären und dennoch friedliebenden, also politisch total coolen Quonks zu haben. Doch wie ihm seine außerirdische Gefährtin Xola mitteilte, fühlen sich Quonks in Körpern mit vorwiegend maskulinen Merkmalen ziemlich unwohl. Zum Glück standen gerade ein paar Versuche im All an. Dies bedeutete, dass Reingold, der Forscher, wieder in der Gegend war. Wok traf ihn auf einem kalten und stürmischen Plateau. Er begrüßte den Forscher und seine Textex-Jacke. Dann sagte er mit seiner typisch bellenden Stimme: „Ich will ein Robbenweibchen werden." Reingold meinte: „Das ist eine schwerwiegende Entscheidung." Wok, der den wahren Grund nicht nennen wollte, sagte: „Die Siebziger sind wieder in und Plateauschuhe sehen bei Robbenmännchen einfach idiotisch aus." Reingold dachte daran, dass Outfit ein Sprachrohr der Jugend war, und sagte dann: „Das ist ein guter Grund." Weil auf dem Plateau gerade die idealen minus 40° Celsius herrschten, legte er gleich los. Ein paar chirurgische Eingriffe da und ein paar Hormone dort, und aus Wok war ein Robbenweibchen geworden. Sie war ein wenig überrascht über ihr neues Aussehen, denn sie hatte früher lieber Pläne von neuen Automobiltypen in den Schnee gezeichnet als sich ums andere Geschlecht zu kümmern. Aber sie gewöhnte sich schnell daran und auch Xola hatte Freude an ihrer neuen Liebhaberin. Bald daraufhin teilte sich der Quonk in ihr, und die eine Hälfte suchte sich den Weg zu Wok.

Xola, Wok und die beiden Quonks verbrachten eine wundervolle Zeit zusammen. Doch irgendwann begann sich Wok, unwohl zu fühlen. Irgendwie ausgenutzt ... Warum, wusste sie nicht. Doch das Gefühl trügte nicht. Reingold, der Forscher hatte publik gemacht, dass ihm eine Geschlechtsumwandlung bei einer Robbe gelungen war. Bald belagerten Fernsehteams die Hütte der doch so glücklichen Ménage à Quatre. Xola, im Umgang mit Medien unerfahren, gab bereitwillig über ihre Herkunft und ihr Zusammenleben mit Wok Auskunft und erschien bald auf jedem TV-Kanal der ganzen Welt. Als der Film „Robbenficker" in den Feuilletons heftig diskutiert wurde und eine gigantische Merchandising-Lawine losgerollt war, war Wok, die das ganze ja von ihrer Popkarriere her kannte, längst zu ihrer Mutter zurückgekehrt. Diese hatte sich schon gefragt, wo Wok so lange geblieben sei. Doch sie stellte keine dummen Fragen, sondern umarmte ihre Tochter bloss und bestrich ein paar Schiffszwiebacks mit Tran.

Wok schaute betrübt aufs Meer hinaus, dann fiel ihr zu allem Übel noch ein, dass Plateauschuhe auch bei Robbenweibchen total idiotisch aussahen.

SONJA SAGT Dieter kam nach Hause, und er kam nach Hause, wie er schon an die hundert Male nach Hause gekommen war. Er öffnete die Tür, rief „Hallo" und legte ab. Doch Sonja fiel auf, dass er, als er dieses Mal ins Wohnzimmer kam, nicht das gleiche Gesicht machte, das jeweils bedeutete: „Na wie geht's denn so." Nein, diesmal glaubte sie, eine Spur eines schelmischen Lächelns auf seinen Lippen zu erkennen. Und dieses Lächeln beunruhigte sie. Es war eine Art Zuhälterlächeln, wie sie es aus den Vorabendkrimiserien kannte. Aber Zuhälter konnte er kaum geworden sein. Hatte er eine Geliebte? Sie sah ihn an... Nein.

Dieter sagte während einer ganzen Weile nichts, und Sonja hätte die kleine Ungewöhnlichkeit schon fast vergessen, als er ihr ohne Einleitung mitteilte, dass er jetzt Marketingleiter sei.

„... Marketingleiter, aha", sagte Sonja.

„Und das ist erst der Anfang", fuhr Dieter fort, als Sonja nichts weiter sagte, „ein paar freiwillige Überstunden, sympathische und gepflegte Erscheinung, Arbeitsgeist sowieso und schwupps geht's die Marketingleiter hoch, wenn du weisst, was ich meine ..."

Sonja nickte.

„Und in ein paar Jährchen ..."

Und die paar Jährchen würde Sonja nicht mehr zuhören.

Sonja liebte den Dieter, den sie damals mit einundzwanzig kennen gelernt hatte. Sonja liebte den Dieter, mit dem sie nach abgeschlossenem, beziehungsweise abgebrochenem Studium eine Amerikareise unternommen hatte, und den sie unter Einfluss von schlechtem Bourbon in einer Billigkapelle geheiratet hatte.

Sonja liebte denjenigen Dieter nicht, der zwei Jahre nachdem sie geheiratet hatten, nach Hause gekommen war, gesagt hatte, es sei nicht wirtschaftlich, dass sie, die doch nur die Hälfte seines Gehaltes verdiente, noch weiter auf der Postverwaltung arbeitete. Vielmehr würden sie durch ihren Lohn nur in eine höhere Steuerklasse kommen, und außerdem wünsche er sich ein Kind. „Aus Steuergründen?" hatte Sonja damals gefragt, und darauf hatten sie sich eine Woche lang gestritten. Nachdem sie sich wieder versöhnt hatten, sagte Sonja, dass auch sie gerne ein Kind hätte, dass sie aber weiterarbeiten wolle. Dieter war, nachdem er nochmals auf die Unwirtschaftlichkeit ihres Verhaltens hingewiesen hatte, was ein leichtes Nachbeben des Streites ausgelöst hatte, schließlich einverstanden gewesen. Also mühten sie sich ein Jahr damit ab, ein Kind zu kriegen. Nach einem weiteren Jahr, in welchem sich die Untersuchungen häuften, bei denen immer nur herauskam, dass es eigentlich funktionieren müsste, gaben sie es in der Hoffnung auf, dass es, wenn man sich damit abfindet, kinderlos zu bleiben, meistens irgendwann dann doch klappte.

Doch es klappte nicht.

Sonja hatte in der Folge öfters Kopfweh.

Und sie hörte Dieter nicht zu, wenn er sagte: „Na gut, aber weißt du, irgendwie das mit dem Kopfweh, das erinnert mich an Serge, du weißt doch Serge, der immer so schlecht aussieht, und, ...du weißt, wir haben doch da dieses Zentrum, das wir zum Spaß Nervenzentrum nennen, weil wir, immer wenn wir dort sind, sozusagen hart am Nerv der Zeit bleiben und jedem Problem solange auf den Zahn fühlen, bis sein Nerv frei liegt, ... und das kann manchmal ganz schön weh tun, sage ich dir, ... wo bin ich stehen geblieben, ... ach ja, Serge, wir behandelten also im Nervenzentrum gerade dieses Buch von Keaton, der sagt, dass die konservativen Standpunkte nicht – und auch im fortschrittlichsten Unternehmen nicht – a priori zu verwerfen sind, sondern dass ihnen vielmehr ein großer dialektischer Wert innewohnt, sobald sie in einen vernünftigen interhumanen Dialog eingeführt werden, nicht nur weil sie den Relationen zwischen älteren und neueren Zellen des Firmenkörpers förderlich sind, sondern auch ganz einfach, weil damit die Gewinnkraft gesteigert werden kann, was leider nicht nur durch sprühende Innovationskreativität sondern eben auch durch eine feste und dauerhafte Basis möglich wird, mit anderen Worten, Keaton sagt, dass der Mensch nichts anderes ist als ein kleines Unternehmen, das je nach Wirkungsradius, Leistung und Krisenpotential, mit anderen Worten, nach seinen humanökonomischen Koeffizienten, eingestuft werden kann. Es kommt also lediglich darauf an, dass das kleine

Unternehmen, das Gott mit jedem Menschen in die Welt setzt, gut geführt wird, und Serge, Serge führt sich einfach schlecht, oder?"

Irgendwann hörte Dieter auf zu reden.

Sonja würde Dieter trotzdem nicht verlassen, wie ihr ihre Freundin Jasmin schon einige Male nahegelegt hatte.

Es war nicht weil Sonja katholisch war, wie sie sagte.

Es war nicht, weil sie die beiden Windhunde liebte.

Es war nicht wegen dem Cabrio.

Eines Abends im Frühling sagte Sonja zu Jasmin, die nach Feierabend noch mit ihr nach Hause gekommen war, dass sie ihren Mann manchmal umbringen könnte. Jasmin zuckte mit den Schultern und sagte, das sei doch ganz normal. Sie saß in einem teuren Ledersessel, und während sie zuhörte, schwappte irgendwann ein wenig Whisky auf die Armlehne.

„Es ist wirklich schwierig", sagte Sonja, „mit jemandem ein Gespräch zu führen, der sich hauptsächlich durch seinen beginnenden Haarausfall bemerkbar macht."

„Stell dir vor", sagte sie nach einem Schluck aus dem halbvollen Glas, „du würdest mit einem Haarausfall zusammenleben. Ein Haarausfall, der starrt. Und damit meine ich nicht nur die Art zu schauen, nein ich meine damit den Zustand, indem er sich befindet. Er starrt. Nichts weiter."

„Du übertreibst", sagte Jasmin, die sich ein wenig nach rechts lehnte, um mit dem rechten Arm den Fleck auf der Lehne zu verbergen. Sie selbst wohnte in einer WG und Sonja weigerte sich, sie da zu besuchen, weil sie WGs generell nur als Kulturen von Bakterien, Ungeziefer und Kleintieren betrachtete, die sonst in unserer Zivilisation längst ausgestorben wären. Jasmin wollte Sonja nicht in ihrem Bild von ihr als Schmuddel-Tusse bestärken, indem sie teuren Whisky über teure Polstermöbel schüttete. Sie gab damit Sonja die Gelegenheit, einen weiteren Schluck aus dem Glas zu nehmen. Dennoch merkte sie, wie sie immer betrunkener wurde.

„Dochdochdoch, er ist einfach da, und die einzige Bewegung, die ich gestern Abend an ihm beobachtet hatte, war, dass sich seine Oberlippe leicht über seine Unterlippe gestülpt hat, genauso, wie eine Schwangere, die ihre Arme über dem Bauch verschränkt, und dann blähten sich seine Wangen ein wenig, und er begann wieder zu starren.“

Jasmin schüttelte den Kopf.

„Ach was.“

„Manchmal ist es richtig gruselig, man hat das Gefühl, der Raum um ihn werde etwas dunkler .“

Jasmin wollte eigentlich wieder etwas sagen, aber der Whisky, der durch den Ärmel ihrer Bluse gedrungen war und ihre Haut benetzte, lenkte sie ab, und sie verlor den Faden. Zudem wurde ihr Gesicht unter dem Einfluss des Alkohols von einem ein bisschen dämlichen Lächeln heimgesucht, welches, wie sie zu bemerken glaubte, hässliche kleine Grübchen um ihre Mundwinkel herum entstehen ließ.

Hätte sie weiter zugehört, wäre sie Zeugin davon geworden, wie Sonja und Dieter, ohne sich dabei anzusehen, nach einem gemeinsam verbrachten Abend aufstehen und das Wohnzimmer verlassen. Sie hätte verfolgen können, wie er ins Schlafzimmer geht, sich die Hose auszieht und über einen Stuhl neben dem Bett legt. Dann schaut er kurz in die

Spiegeltür des Wandschrankes, streift sich die Socken ab, riecht daran und legt sie entweder in den Wäschekorb oder auf den Stuhl.

Währenddessen ist Caroline aufs Klo gegangen und bleibt dort eine Weile sitzen. Sie stützt ihren Kopf mit beiden Armen, so dass ihre Ellbogen über den Knien eine purpurne Delle hinterlassen haben, wenn sie nach der Klopapier-Rolle und anschließend nach dem Intimtüchlein greift. Ihr Mann hat sich die Zähne geputzt und geseidet, das Gesicht, den Oberkörper und noch ein paar andere problematische Stellen gewaschen und seinen Körper schließlich mit einem letzten kritischen Blick betrachtet. Dann wechseln sie die Stellung. Sie kreuzen sich im Korridor und gehen aneinander vorbei wie zwei Tennisspieler, die sich auf dem Weg zu ihren Plätzen am Netz begegnen. Er geht aufs Klo und sie macht Toilette. Er uriniert mit immer leiser werdendem Plätschern, furzt, spült, gähnt, löscht das Licht und geht ins Schlafzimmer. Nach zehn Minuten, wenn die Gefahr eines Gutenachtkusses vorüber zu sein scheint, folgt ihm Caroline und legt sich ins Bett.

Das Schlimmste ist das Schnarchen.

Dieses Fiepen in unregelmäßigen Abständen.

Jasmin, die mittlerweile schon so scheiße-blau war, dass sie längst aus dem Ledersessel rausgerutscht war und am Boden versuchte, sich Whisky mit der Flasche in den Mund zu kippen, wusste, dass Sonja und Dieter sich nicht trennen würden, weil ihr Dieter das letzten Abend auf dieser Party gesagt hatte. Vor einer Woche, nachdem sie sich bei diesem Experimental-Elektronik-Konzert heimlich aufs Klo verdrückt hatten, hatte er das Gleiche gesagt. Und im

Kaufhaus in der Umkleide-Kabine. Und dann noch ein paar Mal in ihrer WG, wohin Sonja ja nie kommen wollte, weil sie WGs verabscheute.

Jasmin musste Dieter unbedingt daran erinnern, eine von diesen Whisky-Flaschen mitzubringen, wenn er das nächste Mal in die WG kommen würde, um die Flyer für die unbewilligte Antivermummungsverbot-Demo vorbeizubringen.

Sonja sah Jasmin seltsam an und diese fragte sich, ob sie wohl laut gedacht habe. Dann sagte sie: „Gedrenne Schlafsimmer!"

GETRENNTE SCHLAFZIMMER Die Beziehung zwischen dem Eisenwarenhändler Linus und seinem Freund bestand nun schon seit drei Jahren. Es war eine gute Beziehung, und sich nur deswegen zu zerstreiten, weil Linus in der Nacht schnarchte, ergab keinen Sinn. Das Paar entschied sich schließlich, das Gästezimmer in der Parterre-Wohnung, in der sie wohnten, zu Linus' Schlafzimmer zu machen.

Alles ging gut, bis Linus' Bruder und Partner, der gerne die Eisenwarenhandlung ganz für sich gehabt hätte, diese Situation ausnützte, indem er, wenn Linus schlief, vor dessen geöffnetem Fenster erschien und mit der tiefen, leisen Stimme ihres verstorbenen Vaters sagte, er mache sich mit seinem Geschäft bloß unglücklich, weil er schwul sei und deshalb nicht hart genug für den Eisenmarkt, und er solle es doch besser seinem Bruder überlassen, der im Betrieb jetzt schon eine wichtige Position einnehme und der in geschäftlichen Dingen viel gewandter sei als er. Linus erwachte jeweils erst, wenn sein Bruder schon gegangen war. Er setzte sich in seinem Bett auf und wischte sich den Schweiß von der Stirn.

Zwar glaubte er nicht wirklich, dass ihm sein Vater erschienen war, doch war er auch nicht so argwöhnisch, dass er irgendjemanden, geschweige denn seinen Bruder, hinter der Sache vermutet hätte. Und so brütete er schließlich für den Rest der Nacht darüber, welche Bewandtnis es mit dem immer wiederkehrenden Traum haben mochte. Sein Bruder nahm mit Befriedigung zur Kenntnis, dass er immer übernächtigter zur Arbeit kam. Er konnte nun seine nächtlichen Besuche einstellen. Wie er ihn kannte, würde er sowieso nicht mehr richtig schlafen können. Er vermutete richtig. Linus wurde zur Last für seinen Freund und für das Geschäft. Die Träume, die er nun hatte, waren schlimmer als die Erscheinungen des Vaters. Obwohl er es manchmal am liebsten getan hätte, überließ er sein Geschäft dennoch nicht seinem Bruder, er versteifte sich vielmehr darauf, dass er der beste Eisenwarenhändler der Welt sein musste. Und das war natürlich ein ungeheurer Druck, ein Druck, dem er schließlich nur noch standhalten konnte, indem er begann, Amphetamine zu schlucken. Doch die häufigen Reibereien mit seinem Freund und die wachen Nächte brachen allmählich seinen Willen, alles, was er tat, tat er zwar schnell aber zunehmend fahrig und ziellos und was passiert, wenn ein Eisenwarenhandel nicht auch mit eiserner Hand geführt wird, davon kann jeder Eisenwarenhändler ein Lied singen. Der Niedergang des Geschäfts war schon fast nicht mehr aufzuhalten, als er schließlich zu koksen begann, was sich katastrophal auf seinen Charakter auswirkte. Überall wo er auftauchte, krakeelte er rum und prügelte sich mit wildfremden Leuten, wenn sie ihn auch nur anschauten. Danach packte ihn jeweils die Depression.

Dann hockte er tagelang nur auf seinem Ledersessel und war zu keiner Entscheidung fähig. In einer solchen Periode suchte ihn sein Bruder in seinem Büro auf und überzeugte ihn davon, dass das Geschäft praktisch bankrott war und dass es besser für ihn wäre, es ihm zu überlassen.

Er hatte ein paar Geldscheine dabei, die er auf den Verhandlungstisch legte. Linus sah ein Häufchen Kokain auf dem Tisch liegen und willigte ein.

In drei Tagen hatte er das Häufchen aufgebraucht und war dabei so unerträglich geworden, dass sein Freund ihn unter Tränen aus der gemeinsamen Wohnung geworfen hatte.

Zwei Tage später fehlte ihm selbst das Geld für die Notschlafstelle. Er übernachtete im Keller eines vierstöckigen Rohbaus neben einer der Hauptverkehrsadern der Stadt.

Es war zwei Uhr morgens, als er ein Grummeln im Beton über sich hörte. Dann ein Knacken und schließlich ein Krachen, das den Einsturz des Gebäudes begleitete. Die Armierungseisen waren von minderwertiger Qualität gewesen.

Die Armierungseisen stammten aus seinem Geschäft.

Er hatte damals geglaubt, dies würde nicht weiter auffallen, doch die Baukommission, die den Einsturz untersuchte, brauchte keine fünf Minuten, um die Ursache für den Einsturz zu finden. Das Geschäft, das die falschen Eisen geliefert hatte, musste Schadenersatz zahlen und ging bankrott. Linus' Bruder hatte gerade noch genügend Zeit, sich nach Südamerika abzusetzen.

Es grenzte an ein Wunder, dass das Erdgeschoss so eingebrochen war, dass zwei Betonelemente eine Art Zelt über Linus gebildet und ihn von den herunterfallenden Trümmern beschützt hatten.

Es lag ziemlich viel Schutt über ihm. Aber von

irgendwoher strömte Luft in seine Höhle. Linus versuchte immer wieder zu schreien, aber selbst wenn seine dünnen Schreie nach draußen gedrungen wären, wären sie im Lärm des Autoverkehrs untergegangen, der neben dem Gebäude munter weiterfloss.

Linus wurde ziemlich schnell klar, dass er hier nicht so schnell rauskommen würde. Niemand würde jemanden hier unten vermuten. Er musste er warten, bis die Trümmer weggeräumt würden.

Es war dunkel und feucht. Der Kokainentzug machte sich wieder bemerkbar. Zuerst durch eine tiefe Depression, in der er weinend immer wieder den Namen seines Freundes wiederholte. Dann durch die Paranoia.

Doch schließlich stellte Linus beruhigt fest, dass er sich die Ratten nicht bloß einbildete.

Glücklicherweise hatte er eine Kerze und ein Feuerzeug. Er zündete die Kerze an und leuchtete seine Höhle aus. Sie war nicht viel länger als er selbst und etwa so hoch, dass er darin aufrecht sitzen konnte. Woher die Ratten kamen, konnte er nicht genau sagen. Sie mussten aber durch die kleinen Gänge gekommen sein, durch die auch die Luft strömte. Wie er jetzt feststellte, tropfte am einen Ende der Höhle Wasser herunter. Sofort nahm er das leere Wein-Tetra-Pack, das er von seinem letzten Geld gekauft hatte, und fing die Tropfen auf. Nachdem er eine Weile gewartet hatte, trank er das Wasser hingebungsvoll. Es war sauer und roch nach abgestandenem Wein, aber es war dennoch das beste Wasser, das er je getrunken hatte.

Aus Bauholzspänen und Eisenstückchen fertigte er einen behelfsmäßigen Käfig an. Mit einer scharfen Eisenkante, ritzte er einen Finger an und saugte das Blut mit einem Fetzchen Stoff von seinen Hosen auf. Er legte das zusammengeknüllte Stofffetzchen in den Käfig.

Ratten schmecken gar nicht so übel.

Danach konnte er zerkaute Rattenstückchen in den Käfig hineinlegen.

Er hatte noch ein paar Post-Its in der Hosentasche und einen Kugelschreiber mit dem Spruch „Eisenwaren nach Maß" und dem Namen seiner Ex-Firma darauf. Zwei Ratten, die er als besonders robust einstufte, band er mit seinen Schnürsenkeln ein Post-It mit einer Lageskizze und den Worten „Verschüttet!" und „Hilfe!" um den Hals und ließ sie wieder frei. Die Ratten rannten mit dem Zettelchen durch die Gänge davon.

Linus wartete.

Ratten sind miserable Überbringer von Botschaften.

Auf dem Areal war neben dem Wohnhaus ein großer Spielplatz geplant gewesen. Die Bauherrschafft meinte, dass es am Einfachsten wäre, den Schutthaufen mit Erde zuzuschütten und ihn zu bepflanzen, als die Elemente wegzutransportieren. Das Wohnhaus wurde gleich daneben neu gebaut. Bald stand ein grüner kleiner Hügel mit einer Rutschbahn und ein paar anderen Spielgeräten darauf neben einer braunen Lärmschutzwand, die ihn zur Strasse hin abschirmte. An warmen Sommertagen sah man auf dem Hügel Kinder fröhlich spielen.

Unter dem Hügel aber lebte Linus, der Eisenwarenhändler.

Linus war glücklich. Manchmal sehnte er sich zwar nach seinem Freund. Aber wer sehnt sich nicht manchmal nach irgendetwas.

Linus hatte das Gefühl, dass die Ratten ihn wirklich mochten.

Selbst wenn er schlief und dabei schnarchte.

Selbst wenn er sie ass.

Selbst wenn er aus ihrem Fett neue Kerzen machte.

Manchmal fiepte eine Ratte, und dieses Fiepen machte den Eisenwahrenhändler glücklich.

Er lebte für den Augenblick.

Die Ratten dachten längerfristig.

VIELLEICHT NUR TEILZEIT Schranz trank nicht. Kein Bier. Kein Wein und kein Schnaps. Er war Teetotaller, wie man dort, wo er wohnte, sagte. Totaler Teetrinker also. Schranz hatte zuhause ein Portrait von Sir Albert Lipton, das er aus gebrauchten Teebeutelchen gefertigt hatte.

Wenn er unterwegs war strich er hin und wieder einem Kind über den Kopf und zeigte ihm den Weg zurück zu seiner Herde, die gerade in den Kindergarten oder nach Hause getrieben wurde.

Er beobachtete Leute. Leute die flanierten. Und Leute die in Kaffees saßen. Aber hauptsächlich beobachtete er Leute vor Schaufenstern. Zum Beispiel vor Schaufenstern von Autohäusern.

Wenn Leute vor diesen Schaufenstern standen, akzeptierte dies Schranz vollkommen.

Auch wenn jemand mal in das Haus hineinging, sich neben einen Wagen stellte, und so tat, als wäre das seiner, hatte Schranz kein Problem damit.

Allerdings hätte sich dieser Jemand nicht in den Wagen hineinsetzen, den im Schloss steckenden Zündschlüssel drehen und damit durch die gedämpft in tausend Stücke zerberstende Schaufensterscheibe und durch die wild und doch geordnet auseinanderstiebenden Leute fahren können.

Er hätte es gekonnt, aber die Leute hätten es für unschicklich gehalten.

Hier wäre Schranz ins Spiel gekommen. Schranz war ein bebrillter Killer.

Bebrillte Killer mochte man nicht besonders. Aber man glaubte, dass man sie brauchte.

Man glaubte, dass man ohne diese Leute abends nicht zufrieden auf die mit Rosshaar gefüllte Matratze sinken und beruhigt einschlafen konnte.

Schranz aß kein Rossfleisch. Auch kein Saufleisch wegen dem Fett und kein Kuhfleisch wegen der Fasern. Vielleicht einmal Emu oder Strauss, aber nur in den Ferien.

Fleisch ist Mord, und Schranz mordete schon den ganzen Tag. Da muss man auch mal abschalten können!

Die Leute waren am Morgen jeweils ausgeschlafen und ausgesprochen freundlich.

Das half einem darüber hinweg, dass man sich vieles nicht mehr leisten konnte. Dazu gehörten Reispackungen und extra zarte Frau Holle-Scheibletten.

Schranz, der eine Arbeit hatte, die ihn manchmal viel Nerven kostete, weil in seiner Branche hemmungslos gemobbt wurde, schlief schlecht. Er ging jeweils noch spät nachts durch die Strassen und versuchte, Slogans für die Firma zu dichten. Einer der Slogans lautete:

Ich bin ein Menschenfreund, darum,
bring ich Menschen um!

Seine Branche hatte in letzter Zeit Image-Probleme, da

konnte ein saftiger Spruch nicht schaden. Oder ein saftiges Steak. Das sagte jedenfalls Bob.

Ein bisschen besser war es vielleicht früher schon gewesen. Man hatte zu den Hammelrennen gehen können. Bis diese auch verboten worden waren.

Schranz trank neben dem Tee auch viel Kaffee, eben weil er nicht schlafen konnte und deshalb irgendwie wach bleiben musste. Er trank den Kaffee immer aus Pappbechern. Zuhause sammelte er sie. Er arbeitete an einer Nachbildung von Südamerika aus Pappbechern und hatte zu diesem Zweck extra ein Zimmer hergerichtet. Es fehlte ihm nur noch Feuerland ...

Eigentlich hätte er gerne sein Hobby zum Beruf gemacht und nur noch Kontinente aus Pappbechern hergestellt. Aber die Konkurrenz auf diesem Gebiet war groß. Aber vielleicht hatte er aber auch einmal Erfolg und konnte die Töterei aufgeben. Oder sie wenigstens auf ein 30%-Pensum reduzieren.

An Familie dachte er auch, aber welche Frau wollte schon einen bebrillten Killer. Allerdings wäre er einer der wenigen Männer gewesen, die sich auch an der Hausarbeit beteiligt oder Hand angelegt hätten, wenn es darum gegangen wäre, die Kinder in die Kindergärten oder nach Hause zu treiben.

Aber weshalb sollte er sich deswegen den Kopf zerbrechen?

Da lag er lieber mit Bob auf einer blühenden Frühlingswiese und sang Lieder aus dem Lebenskundeunterricht.

Dass Bob kein Vegetarier war, spielte für Schranz keine Rolle.

„Man muss großzügig denken und tolerant sein“, schrieb er am Morgen auf einen Zettel, den er Bob in die Manteltasche steckte.

Am nächsten Abend war ein anderer Zettel in Schranz' Manteltasche. Darauf stand:

„Südamerika ist der Kontinent der Steaks!"

DER PSYCHOPATH IN DER HARE KRISHNA-PROZESSION

Auf dem Bildschirm erscheinen zwei Jugendliche in Hardrock-Montur. Sie sprechen freundlich miteinander und setzen sich auf eine Parkbank. Einer von ihnen zieht ein Klappmesser hervor und macht das unter schweren Jungs übliche Mit-der-Klinge-zwischen-den-Fingern-hin-und-her-Hüpfen-Spiel, bis eine in Fahrradhandschuhe gekleidete Hand im Bild erscheint, das Messer an sich nimmt und dem Rocker damit die Hand abhackt. Blutersatz fließt aus dem Stumpf.

Einen Splatterfilmer hätte ich mir anders vorgestellt. Nicht so gepflegt und nicht so sympathisch wie Laszlo, der mich zur Plattenbausiedlung führt, die neben einer Autobahn in einem Vorort von Basel liegt. Dort lebt Familie Borka. Wir kommen gerade recht zum Abendessen. Ich bitte Laszlo, mir eine Kopie von seinen Filmen zu geben. Er muss erst eine herstellen. Ich frage ihn, ob wir zugucken könnten. Er ist einverstanden. Also sitzen wir am Stubentisch, essen von Mutter Borkas Pilzragout auf Toast und sehen uns „Splatman" an, den Laszlo mit sechzehn Jahren auf Super-8 gedreht hat. Ob Laszlo gewalttätig sei, frage ich Frau Borka, als gerade im Film ein Meerschweinchen von einem verrückten Wissenschaftler, gespielt von einem Turnlehrer, mutiert wird. Sie verneint, während Laszlo drohend zu einer Gabel greift und darauf hinweist, dass er es noch werden könne.

Und als er den Film gedreht hat, war er da gewalttätig?

„Er war dick."

„Ich bin harmlos", sagt Laszlo, während im Fernseher einem Blinden in den Kopf geschossen wird. Der Killer, ein Psychopath, schießt erst nach einem langen Ritual, das zur Hauptsache aus Pistole hervorholen, und Sonnengläser hoch- und niederklappen besteht. Die Erschießung und das darauffolgende Blutbad ist die aufwendigste Sequenz des Filmes und auch die einzige, die nach einem Drehbuch entstanden ist. Für den Blinden, der eine künstliche Nase trägt, weil der Schauspieler noch für eine andere Rolle vorgesehen gewesen war, wurde eigens eine Latex-Stirn hergestellt, um die Kopfwunde auch richtig filmisch auszukosten.

„Das mit den Hardrockfans und dem Blinden will nicht heißen, dass ich was gegen Hardrockfans oder gegen Blinde habe. Der einzige Zweck dieser Szenen ist es zu schockieren." Etwas, das ihm gelungen ist. Als er ihn in der Schule gezeigt hatte, wurde ein Lehrer bleich. Meine Reader's-Digest-Psycho-Kurz-Analyse-Frage, ob denn die Filme ein Mittel waren, mit dem sich der junge, schüchterne Laszlo Respekt verschaffen wollte und sie gerade wegen seinem zurückhaltenden Wesens so brutal ausgefallen seien, kommentiert er baslerisch mit „Jäh ... moll ... vilicht ... schoh ..."

„Splatman" hat etwa zweitausend Franken gekostet, die hauptsächlich für das Super-8-Material und die Anfertigung der Latex-Imitationen draufgegangen sind. Laszlo arbeitete damals unter anderem bei einem McDonalds, der selbstverständlich auch ein wenig als Inspirationsquelle gedient hatte. Ähnlich wie übrigens in „Bad Taste", dem ersten Film des neuseeländischen Regisseurs Peter Jackson, der Laszlo sichtlich beeinflusst hat. Darin wird die Welt von einer außerirdischen Fastfoodkette auf der Suche nach billigem Menschenfleisch bedroht. Jackson, dem Laszlo seine Filme geschickt hatte, lobte dessen Effekte und die Kamera, meinte aber, er solle es mal mit einer Story versuchen. Seit „Braindead" sei der Kontakt leider abgebrochen. Laszlo auf die Frage, wie ihm „Braindead" gefalle: „Sehr gut, aber ich habe ihn schon zu oft geschaut." Und wahrscheinlich unbewusst splattrig fügt er an: „Er läuft mir aus den Ohren raus ..."

Die Videokassette ist zum zweiten Film, „Forest Death", übergegangen. Wir sehen, wie sich ein Darsteller den Bauch zunäht, nachdem ein riesiger Wurm daraus hervorgekrochen ist. „Forest Death" ist auf Video gedreht und zeichnet sich durch eine sorgfältige Kameraführung aus. „Darauf schaue ich. Der Film soll, wenn schon keine Handlung drin ist, wenigstens visuell (lacht) schmackhaft sein." Der Killer, wiederum ein Psychopath, malträtiert in einem Hobbykeller die Hand eines Jungen mit Schraubstock und einer Nadel. Dem Jungen wird schließlich im Off der Kopf zu Brei gemacht. Er liegt auf dem Betonboden und neben dem offenen Hals schwimmt Materie in mit rotem Paprika zu Blut verfeinertem Orangensirup. „Sollte sein Hirn sein, ist ein bisschen wenig, aber bei den meisten Leuten ist auch nicht mehr drin ... Das ist eben Trash, man versucht, aus dem Vorhandenen möglichst viel zu machen."

Und das tut er. Die Atmosphäre in einer Vorortblocksiedlung, die in den meisten Sequenzen von Laszlos Filmen die Kulisse bildet, ist kaum je beklemmender dargestellt worden. Im Hobbykeller wird gefoltert, der Kinderspielraum dient einem perversen Polizisten als Hauptquartier, mit a gedienten Weihnachtsbäumen wird geprügelt und gemordet, der Killer wird in der Zentrifuge neben dem Waschraum vorübergehend unschädlich gemacht, im dürren Endzeitwäldchen nebenan wird geschossen und der Hardrockfan, der schon seine Hand verloren hat, wird auf dem Pingpongtisch aus Beton schließlich vollends dem Wahnsinn geopfert.

Was die Authentizität nicht schafft, erledigt schließlich der Zufall: der Ticketautomat an einer Tramstation trägt die Nummer 666, die Frisur einer Frau in „Splatman" bindet sich zwischen zwei Einstellungen am Hinterkopf von alleine zusammen – „Sie war beim Friseur" – und eine Verfolgungsjagd zwischen zwei Psychopathen (wem sonst) gerät zwischen eine Hare Krishna-Prozession. Bei solchen Vorkommnissen lacht der Trash-Freak über die doofen Hares und der Filmstudent denkt sich seinen Teil bezüglich der Gegenüberstellung von zwei gesellschaftlichen Randgruppen. Der Filmstudent denkt sich auch seinen Teil, wenn der Killer mit einem Sturmgewehr aus dem Bastelraum kommt und am Boden befindet sich keine Leiche, sondern Blut, welches das Wort „Gore" bildet, was im Fachjargon soviel bedeutet, wie die Darstellung von malträtierten, getöteten und/oder verstümmelten Körpern.

Und was ist mit Laszlos nächstem Film? „Endzeit und so", sagt Laszlo, „jemand merkt, dass er ganz allein auf der Welt ist. Ist auch einfach, es braucht nur einen Schauspieler dazu."

WAS SOLL DER SCHEISS? Ich will nicht verschweigen, dass es zur Geschichte von Wok auch ein paar negative Reaktionen gegeben hat. Silvia (62) aus der Schule für Hochbetagte in Oldenburg äußerte sich im Wok-Chatroom folgendermaßen: „Wok ist so was von unpolitisch! Da gewinnt in Österreich die FPÖ bei den Wahlen und auf dieser beschissenen Homepage liest man über Robben!" Eine Userin, die sich als Hanna vorstellte, meinte: „Ich fände die Geschichte von Wok besser, wenn der Bezug zur Realität größer wäre, also wenn zum Beispiel Reingold, der Forscher, der Nobelpreisträger Rolf Zinkernagel wäre und die Außerirdische Xola Rita Süssmuth. Das wäre einfach irgendwie satirischer." Ein gewisser Waddafack antwortete: „Aber Hanna, gerade das ist doch der Fall in der Fabel von Wok, der politischen Robbe!" Zompf meinte schlicht und einfach: „Was soll der Scheiß?" Und Lion, angeblich ein angehender Sozialarbeiter meinte: „Hey Zompf! Diese Frage kann gar nicht oft genug gestellt werden. Gerade von jungen Menschen. Mach weiter so!"

Wok war es zwar als erster männlicher Robbe vergönnt gewesen, ein Robbenweibchen zu werden. Trotzdem war sie wieder mal auf einem Tiefpunkt ihres Lebens angelangt. Nachdem Reingold die erfolgreich verlaufene Geschlechtsumwandlung publik gemacht hatte, waren Wok und Xola ständig von Kamerateams belagert worden. Ihre wunderbare Freundschaft war zerbrochen und Wok war wieder zu ihrer Mutter (Madonna)* zurückgekehrt. Doch die leckeren mit Tran bestrichenen Zwiebacke verfehlten diesmal ihre Wirkung. Wok suhlte sich in Selbstmitleid (CDU). "Warum ist alles so schlecht auf dieser Welt (Nord-Süd-Gefälle)?" dachte sie und schaute wehmütig hinaus aufs Meer (Ersatzflüssigkeit).

Doch plötzlich hörte sie eine feine Stimme (Blümchen), die

zu ihr sagte: „Fürchte dich nicht, denn ich, der Quonk (Splitter im Auge des Kamels), bin bei dir!“ Dass Quonks auch mit ihren Wirtstieren kommunizieren, hatte Wok nicht gewusst. Sie freute sich ungemein, besonders weil der Quonk ihr auch gleich sagte, wieso es um die Welt so schlecht stand: Schuld waren die Demokratien (SPAR) deren mächtigste, die USA (der Mann von Del Monte), über die ganze Erde Unglück (Fruchtsalat) gebracht hatte: „Demokratie ist ein zu kompliziertes System“, sagte der Quonk, „die Menschen brauchen eine harte politische Realität, an die sie sich halten können.“ Was er denn tun würde, fragte Wok, und der Quonk antwortete: „Auf der ganzen Welt Diktaturen errichten.“ Die Diktatur war im ganzen Universum (Mister) verbreitet und darin die friedlichste und gerechteste Staatsform (Winnetou) überhaupt. Auf der Erde sähe das Prinzip Diktatur in etwa so aus: Die Diktaturen befänden sich in Baracken (Fixerstube). Alle könnten dort ihre persönlichen Anliegen den zuständigen Beamten (Hörzu&Electrola) diktieren. Also auch Analphabeten (die weltberühmten vier aus Liverpool) und sprechende Robben (Wok). Die Anliegen der Erdbevölkerung würden daraufhin von einem Computer (Stabmixer) bearbeitet. Schließlich würden an die zuständigen Stellen (She-DJs) die entsprechenden Weisungen gegeben. Die Erde würde so zwar nicht perfekt, aber ein bisschen gerechter werden, Politclowns wie Haider (Saddam = Jürgen Drews) gäbe es nicht mehr und die Menschen (Militärs, Politiker & Wirtschaftskapitäne) würden Frieden (sich ein-) schließen, sich Blumen (XXL-Dildos) ins Knopfloch (...) stecken und singen, tanzen und lachen.

Das klang vernünftig. Wok wollte sich gleich daran machen, die Welt zu verändern. Doch da gab es ein kleines Problem: Wok war nur eine Robbe (Jesus).

*Die Ausdrücke in Klammern stehen für den jeweiligen Realitätsbezug. Doch an dieser Stelle auch gleich eine Warnung: Viele junge Menschen flüchten sich heutzutage geradezu in die Realität. Denkt daran, man kann auch ohne fröhlich sein!

TRAURIG Leider ist dies bereits die zweitletzte Folge von Wok, der Robbe. Und zwar aus folgendem Grund: Damals, als ich die erste Folge auf die Wok-Homepage geladen hatte, erreichte mich kurz danach das Mail von David (27) aus Luzern. Darin schrieb er, er sei ein großer Fan von Wok. Leider aber habe er nur noch sechs Wochen zu leben, und er würde so gerne vor seinem Tod erfahren, wie die Geschichte ausgehe. Ich war natürlich zutiefst berührt und schickte ihm postwendend das, was ich – wenn die Geschichte durch interaktive User nicht eine ganz andere Wendung nehmen würde – als das Ende der Geschichte vorgesehen hatte (und ein paar Blumen). Wie sich zeigte, war dies ein Fehler gewesen. David – der in Wirklichkeit 53 Jahre alt ist und noch heute jeden Morgen putzmunter joggen geht! – lud das Ende auf eine Homepage und schickte den Begriff „Wok" an alle Suchmaschinen. Surfende Wok-Fans auf der ganzen Welt fanden auf der Seite das Ende der Geschichte, und damit war natürlich für sie die Spannung weg, die sich erst in Folge 257 in einem feuerwerkähnlichen Finale entladen hätte. Doch damit nicht genug: Wer den Link „Wok-Moral" anklickte, geriet zudem in ein wahres Labyrinth von widerwärtigen XXX-Sites. (Traurig war das vor allem für jene jungen Wok-LeserInnen, die standhaft die nicht jugendfreien Stellen übersprungen hatten.)

Damit war auch das hohe Ansehen der Serie dahin. Schade.

Am liebsten hätte ich gleich aufgehört zu schreiben. Damit aber nicht noch mehr junge User, die das Ende der Geschichte erfahren wollten, in die Fänge der Porno-Industrie geraten, fasste ich den Rest auf der Wok-Homepage in zwei Episoden kurz zusammen. Der Vollständigkeit halber, und damit die jungen LeserInnen dieses Buchs nicht auch im Porno-Netz landen, erscheint auch hier die Zusammenfassung des Wok-Endes. Das ist halt jetzt nicht mehr so super zu lesen, aber was soll es, es ist halt so, wie es ist.

Das hatte Wok auch einmal gedacht und war deshalb immer traurig gewesen. Aber jetzt war sie ein Robbenweibchen und hatte zudem noch einen Quonk (miniaturisierte, voll korrekte Lebensform aus dem All). Dieser hatte ihr gesagt, dass die beste Staatsform die Diktatur sei. Wok wollte also subito auf der ganzen Welt Diktaturen errichten, so dass alle Lebewesen die Möglichkeit hätten, ihre Anliegen in den dafür vorgesehenen Baracken den globalen Dorbeamten zu diktieren. Das Problem war nur, alle von dieser Idee zu überzeugen.

Nichts leichter als das, meinte der Quonk. Wok müsse nur Zellkulturen von sich anlegen, in die der Quonk den nötigen diktatorischen Willen als genetische Information einschleusen würde. Daraufhin müsse eine Fast-Food-Kette gegründet werden, um die Zellen unter die Leute zu bringen. Der Rest würde sich dann von selbst ergeben. Also gesagt, getan, Wok legte Zellkulturen an und gründete eine Fast-Food-Kette. Als weibliches Wesen hatte sie es zwar anfangs nicht leicht in diesem gnadenlosen Geschäft, aber dank ihrer übermäßigen Intelligenz, dem Quonk und dem Umstand, dass wokinc.com ihre Mikrowellenprodukte nicht wie etwa McDonalds in Filialen sondern übers Internet verkaufte, stieg die Firma bald zum Branchenleader auf. Die Görk-Nuggets aus Gemüse und Tofu, benannt nach Woks ehemaligem Schlagzeuger, dem Vegetarier Görk, und die potenzfördernden Golo-Rings (Golo, den ihr sicher schon vergessen habt, ist ein armer parkinsonkranker Party-Aal) mit einem Prozent Aalrogenextrakt fanden reissenden Absatz. Der König unter den Produkten aber war der Wok Whopper, der nach echter Robbe roch.

Die Zellen Woks wurden über den ganzen Erdball verteilt und Gentextviren wiederum schleusten die neue Information ins menschliche Erbgut ein. Bald einmal sprachen die Trendscouts von der neuen Milde der Jugend und die Anthropologen von einem instinktivierten kategorischen Imperativ als modernem Phänomen. Die Diktaturen zu errichten war nur noch Formsache. Ja, sogar die Sonne schien ein wenig milder als früher, denn das Ozonloch war bald ganz verschwunden.

Wok aber war immer noch traurig.

(In der letzten Episode: Die Erde gerät in die Nähe eines radikalen schwarzen Lochs. Blut, Not und Entsetzen sind die Folge.)

BLIND. Möglich, dass es mit eine Rolle spielte, dass Murat seinen anatolischen Eltern eins auswischen wollte, als er sich in Rebekka verliebte. Möglich, dass auch Rebekka damit, dass sie sich in Murat verliebte, ihren Eltern eins auswischen wollte, weil sie sie damals, als sie ungewollt schwanger geworden war und abgetrieben hatte, für ein Jahr in diesen beschissenen Kibbuz gesteckt hatten.

Murat war Informatiker und Rebekka hatte ihr Architekturstudium eben beendet.

Niemand gab den beiden eine Chance. Dennoch wurden sie ein Paar und gründeten zusammen ein Firma. Rebekka hatte die Ideen und Murat setzte sie am Computer um. Eigentlich sah man sie nie alleine und bald galten sie als ein Vorzeigepaar in Sachen multikultureller Liebe.

Sie arbeiteten an einer Überbauung in einem Industriequartier, dass in ein Wohn- und Ausgehquartier umgewandelt werden sollte. Es war mehr als ein Gerücht, dass sie diesen Auftrag nur bekommen hatten, weil sich die Stadtverwaltung damit brüsten wollte, dass Integration für sie keine leere Floskel war.

Dass Projekt ließ sich gut an, doch irgendwann merkte Murat, dass mit Rebekka etwas nicht stimmte. Doch wenn er sie fragte, winkte sie unwirsch ab oder schob die Schuld auf die viele Arbeit.

Es war ein Tag, an dem es draußen sanft und erfrischend nieselte, an dem aber die Büro-Luft und zwischen Rebekka und Murat zum Zerschneiden dick gewesen war. Rebekka stand plötzlich auf, sagte mürrisch „Tschau“ und knallte die Tür zu. Murat saß einen Moment lang zögernd da, dann tat er, was sein Blut ihm befahl. So nannte er es, obwohl er wusste, dass er eigentlich überhaupt nicht der Instinkt-Typ war. Dass er Rebekka heimlich folgte, war mit nichts zu begründen, das wusste er. Jedenfalls bis zu dem Zeitpunkt, als er beobachtete, wie Rebekka ein paar Strassen weiter in ein fremdes, neues Haus ging.

Schlagartig wurde ihm klar, dass sie ihn betrog.

Murat konnte bei solchen Dingen richtig wütend werden, doch statt seiner ersten Gemütsbewegung nachzugeben und Rebekka zu folgen, sie zur Rede zu stellen und bei ihrem Liebhaber das zu tun, was sein Cousin jeweils „die Hoden die Achselhöhlen erkunden lassen" nannte, ging er in die nächste Kneipe und bestellte ein Bier und einen Schnaps. Mirko, ein Freund aus der Jugendzeit, kam und es wurden noch ein paar Biere und Schnäpse mehr.

Murat sagte zu Mirko, dass er heute das erste Mal richtig an der Sache mit ihm und Rebekka zweifelte. Mirko sagte, dass dann der Darm, der in der Mulde hing, in den Kurven hin und her baumelte und bei Unebenheiten leicht federte.

Zum Abschied umarmten sie sich.

Murat lag gerade kotzend auf der Klobrille, als Rebekka heimkam und sagte, sie habe eine Augenkrankheit, und sie würde allmählich erblinden.

Murat schaute Rebekka an, und ihm wurde in diesem Moment bewusst, dass es keine Selbstverständlichkeit war, jemanden anschauen zu können.

Rebekka würde ihn bald nicht mehr anschauen, was schlimm war.

Obwohl Murat momentan keinen sehr schönen Anblick bot, fand auch Rebekka, dass das schlimm war.

Mit der Zeit stellte sie jedoch fest, dass die Blindheit auch gewisse Vorteile mit sich brachte.Man wird viel häufiger angesprochen, wenn man blind ist. Man muss vieles nicht mehr sehen. Man nimmt plötzlich Nuancen in den Stimmen anderer Leute wahr, die man früher einfach überhört hat. Riechen kann man auch besser.

Und man kann Blindenskirennen fahren.

Rebekka machte sich keine Gedanken darüber, ob sie wohl ihren Mitmenschen zur Last fallen würde, denn sie wusste aus Büchern und Filmen, die sich dieses Themas spannungshalber bedient hatten, dass dem nicht so sein musste. Sie lernte die Blindenschrift. Noch bevor sie ganz erblindete, prägte sie sich die Orte, an denen sie sich oft aufhielt, und die Wege, die sie oft ging, ein. Sie schloss dazu manchmal die Augen und blinzelte hin und wieder. Das Blinzeln wurde irgendwann durch den Blindenstock ersetzt.

Was mit der Firma geschah, war Rebekkas größte Sorge gewesen. Doch bald zeigte sich, dass es Murat keine Mühe bereitete, ihre Ideen weiterhin umzusetzen. Anfangs ließ er noch Zwischenmodelle herstellen, die sie begutachten konnte, indem sie sie befühlte. Schließlich vertraute sie ihm. Die Firma florierte. Wegen Rebekkas Blindheit war sie für Auftraggeber noch umso attraktiver geworden und bald konnten sie Aufträge ablehnen, wenn sie merkten, dass die Auftraggeber sich bloß damit brüsten wollten, dass für sie Integration von anderen ethnischen Gruppen und von Sehbehinderten ein Thema war.

Im nächsten Sommer war das Paar jedenfalls glücklicher als je zuvor, und hätte es irgendwo in den Weiten des Weltraums eine Macht gegeben, die es sich zur Aufgabe gemacht hätte, Murat und Rebekka das Leben schwer zu machen, so hätte sie nur wütend mit ihrer Faust auf einen Planeten geschlagen, der daraufhin aus seiner Bahn geraten wäre und damit ein ganzes Sonnensystem aus dem Gleichgewicht gebracht hätte, in welchem vielleicht die einzigen Lebewesen außerhalb der Erde kläglich zugrundegegangen wären, weil sich ihr Stern von den drei Sonnen derart weit entfernt hätte, dass die für ihr Überleben notwendige Mindesttemperatur von 3477 Grad Fahrenheit nicht mehr gewährleistet gewesen wäre.

DIE GESCHICHTE DER O. Obwohl die Welt besser geworden war, seit es überall Diktaturen gab, in denen man seine Anliegen den globalen Dorfbeamten erzählen konnte, war Wok immer noch traurig. Sie war traurig, weil sie wusste, dass das Ende nahte. Der Quonk hatte ihr nämlich gesagt, dass ein Schwarzes Loch auf sie zusteuere, und dass in sechs Wochen alles Leben auf der Erde ausgelöscht sein würde. Wok fragte nach dem Grund. Der Quonk sagte, dass möglicherweise eine puritanische außerirdische Macht wütend darüber gewesen sei, dass er es als Robbe mit einer Außerirdischen getrieben hatte. Während Tagen sprach der Quonk kein Wort. Das war ein schlechtes Zeichen. Aber dann sagte er: „Es gibt eine Lösung."

Die Quonks hatten auf den weiten Reisen durchs Weltall einmal Kontakt gehabt zu einem siebendimensionalen Wesen, dass sie nach seiner Erfahrbarkeit innerhalb von vier Dimensionen Nass nannten. In der siebten Dimension waren Zeit und die ihr unterworfenen Dinge frei bewegliche Objekte.

Der Quonk wollte nun versuchen, Nass über Hyperrohrpost zu erreichen und es dazu zu bewegen, ein paar Zeitstränge im Sektor der Milchstrasse umzubiegen, um damit das Schwarze Loch zeitlich zurück zu drängen. Die einzige Nebenwirkung davon wäre, dass danach einige Entwicklungen auf der Erde rückwärtig verlaufen würden. Allerdings gab es da noch die Schwierigkeit zu überwinden, die eine Hyperrohrpostöffnung, die es auf der Erde ab, zu finden. Diese nämlich hatte die Form und Größe eines O's in 10-Punkt-Schrift und befand sich auf einem der Abermilliarden von Schriftstücken auf diesem Planeten. Der Quonk packte also seinen Miniaturrucksack und machte sich sofort auf, das O zu suchen. Tage vergingen, ja Wochen, in denen er sich auf Elektrowellen durch die Welt treiben ließ. Nicht nur Wok sondern auch die Menschen, die das mit dem Schwarzen Loch inzwischen mitgekriegt hatten, wurden langsam nervös. Blut, Trauer & Entsetzen waren die Folge. (Wie in der letzten Folge schon erwähnt, erscheinen hier wegen des Sabotage-Akts eines Internet-Pornographen 249 Folgen des Wok-Hyper-Epos zusammengefasst in zwei Folgen. Da leidet natürlich die Sprache total drunter.) Die Erde hatte schon zu zittern begonnen, als der Quonk wieder zu Wok zurückkehrte und ihr berichtete, er habe das Hyperrohr gefunden. (Hier wäre in der Originalfassung eine Erklärung gekommen, warum dimensionsüberschreitend wiederum das Rohrpostsystem verwendet wird.) Und zwar in einer Übersetzung der Odyssee, die sich in einer kleinen Bibliothek in Homer, Alaska, befand. (Wäre genug Platz, würde an dieser Stelle das Wok-Epos Moderne und Hellenismus kurzschließen. (So ein bisschen wie in Faust II)) Jetzt müsse man nur noch darauf hoffen, dass das Nass auch rechtzeitig reagiere. Tatsächlich wurde das Zittern jedoch bald schwächer und ging in sanfte Wellen über, die schließlich langsam verebbten. Die Verwirrung auf der Erde war kurze Zeit groß. Es gab einige Menschen, die plötzlich rückwärts gingen. Mit dem instinktivierten kategorischen Imperativ der Menschheit war's vorbei. Die Politik im Allgemeinen war von einer großen Regression befallen. (Blut, Trauer & Entsetzen (Die Katharsis kommt so natürlich auch vollkommen zu kurz.)) Doch mit der Zeit schien dies niemand mehr zu bemerken. Der Grund dafür war folgender: Das menschliche Hirn ist so gebaut, dass Leute, die auf dem Kopf stehen, die Welt nach einer Weile so sehen, wie sie es gewohnt sind. Analog dazu verhält es sich mit dem Betrachten des Zeitgeschehens. (An dieser Stelle wäre ursprünglich natürlich ein wahres Satire-Feuerwerk gegen Retrobewegungen in Kultur und Politik vorgesehen gewesen)

Auch Woks Fastfoodkette ging Konkurs. Dafür gab es plötzlich ein Kochgerät, das ihren Namen trug. Und viel mehr Os tauchten plötzlich auf. Der Quonk sagte, dass wohl das Nass die Hyperrohrpostöffnung besser getarnt habe und dass das wohl seine / Art sei zu sagen: „Ach lasst mich in Zukunft doch besser in Ruhe." / Wok, die verstand, robbte heim und entschied, dass viel für die Erde getan sei/ Jetzt sei es Zeit für Tran und knusprige Schiffszwiebackscheiben / Wok wollte Freunde wie Golo und Görk wieder öfters besuchen, / täglich Fitness betreiben und Freizeitkurse belegen. (Diese Zeilen ergeben jetzt natürlich auch nur noch einen schwachen Eindruck von den letzten 32 Episoden, die voll und ganz in

Hexametern geschrieben worden wären. Schade. Aber dennoch sollte man auch das Schöne im Leben nicht vergessen. Die Interaktivität zum Beispiel. Oder Aktivität überhaupt. Aber auch, dass, seit es Viagra gibt, der Handel mit Robbenpenissen eingebrochen ist. Remember: WOK IS NOT DEAD!!!)

SCHLECHTER SOUND Rebekka und Murat waren gern gesehen in den Bars und Clubs der Stadt. Sie hatten es verstanden, sich von den Leuten fernzuhalten, die Gala-Diners und solchen Quatsch veranstalteten. Rebekka war eine ausgesprochen gute Tänzerin, die sich wild und auslassend umher warf, aber dennoch den Raum um sich herum so gut zu

erfühlen wusste, dass sie kaum jemandem auch nur anstupste. Sie nannte das ihr persönliches Pogo-Gefühl. Murat war manchmal ein bisschen eifersüchtig, weil Rebekka von vielen

Männern bewundert angeblickt wurde, was sie trotz ihrer Blindheit zu spüren und auch zu genießen schien. Wahrscheinlich hätte jeder in dieser Situation eine geringfügige Eifersucht verspürt, doch weil Murat immer noch manchmal ein bisschen Angst davor hatte, er könnte sich zu anatolisch benehmen, zog er sich dann jeweils zurück, möglichst in die Nähe einer Box und ließ sich von den tiefen und lauten Tanz!Tanz!-Befehlen daraus den Kopf waschen und die Frisur neu ordnen. Befriedigt schaute der dann zu, wie Rebekka tanzte. Wenn jemand zu aufdringlich um sie herum tanzte, verließ sie zu Murats Beruhigung auch jeweils ihr persönliches Pogo-Gefühl und ihn traf plötzlich eine Faust oder ein Fuß.

Am Schluss gingen Murat und Rebekka heim und meistens schliefen sie dann miteinander.

Am morgen gingen sie zusammen ins Büro und arbeiteten an neuen Projekten oder gaben Institutionen Absagen, die ihnen nur des Prestige-Gewinns wegen einen Auftrag geben wollten.

Alles wäre noch sehr lange so weitergegangen, wenn nicht plötzlich der Sound total schlecht geworden wäre.

Rebekka sagte zu Murat: „Die Musik hier drin ist wirklich das letzte."

Und Murat antwortete: „Du hast recht, lass uns woanders hingehen."

Sie waren wie fast immer der gleichen Meinung.

Doch sie redeten nicht vom Gleichen.

Rebekka hatte Einwände bezüglich des Grooves.

Für Murat klang der Sound wirklich hundsmiserabel.

Ein paar Wochen später klang er überhaupt nicht mehr.

Murat war taub.

Es folgte eine schwere Krise. Murat war der einzige gewesen, dem Rebekka ihre Ideen erklären konnte. Nun musste sie ihm Zettelchen schreiben, doch das ging einfach zu langsam, ihre Gedanken konnten nicht mehr fließen. Außerdem wurde ihre Schrift wegen ihrer Blindheit immer unleserlicher. Murat war fast der einzige gewesen, mit dem sie sich wohl gefühlt hatte. Jetzt hockte er ratlos vor dem Computer. Tanzen gehen wollte er nicht mehr. Also ging Rebekka alleine aus und ein paar Mal fremd.

Mitarbeiter von Institutionen, die ihnen früher nur des Prestige-Gewinns halber engagieren wollten, mailten Murat, dass Rebekka ihn betrüge. Murat glaubte ihnen nicht.

Eines Nachts, Murat lag schon im Bett, kam Rebekka heim, stellte sich ins Schlafzimmer, tastete nach dem Lichtschalter, von dem sie immer noch etwa wusste, wo er war, und machte Handbewegungungen. Murat, der wegen der plötzlichen Helle blinzelte, dachte, sie sei übergeschnappt. Doch Rebekka fuhr fort, Handbewegungen zu machen. Murat setzte sich auf. Er merkte, dass Rebekka immer wieder die gleichen Handbewegungen machte. Mit der Zeit kam er darauf, das sie ihm etwas sagen wollte.

Aber er verstand nicht. Als er ihr dies sagte, holte sie einen Lippenstift aus dem Bad, machte eine Handbewegung und schrieb dann die Übersetzung groß auf die Schlafzimmer-wand. Murat hatte einige Mühe, ihre Schrift zu entziffern, am Schluss las er jedoch: „Ich habe Gebärdensprache gelernt, und ich sag dir, du lernst sie verstehen, wenn du deinen anatolischen

Pimmel noch einmal in meine jüdische Möse stecken willst."

Murat war sehr gerne bereit, Gebärdensprache zu lernen, obwohl er immer noch dachte, dass Rebekka übergeschnappt war.

‚Wer hatte sie ihr überhaupt beigebracht?' fragte er sich am nächsten Morgen.

Um einer Blinden die Gebärdensprache beizubringen, musste man sie fast anfassen.

„War es ein Mann?" fragte Murat beim Frühstück.

Rebekka dachte, es wäre am einfachsten für sie beide, wenn sie den Kopf schütteln würde.

Murat stieß einen Schrei aus, der von einer tiefen Verletzung des männlichen Selbstwertgefühls zeugte.

Aber für Murat war Schreien auch nicht mehr dasselbe wie früher.

Mit der Zeit kam er darüber hinweg, das Rebekka lesbische Seiten an sich entdeckt hatte. Irgendwie erfüllte es ihn sogar mit einem gewissen Stolz und er erzählte es bald jedem, der es hören wollte. Sie nahmen neue Projekte in Angriff. Und es schien sogar, als würde die Dreidimensionalität der Gebärdensprache der Verständigung über Räumlichkeit und Baustruktur sogar nützlich sein. Sie lehnten neue Aufträge von Firmen und Institutionen ab, die sich bloß damit profilieren wollten, dass sie multikulturelle Verbindungen förderten und außerdem Blinde, Gehörlose und Bisexuelle unterstützten.

Sie gingen tanzen. Das hieß, Rebekka widmete sich ihrem Pogogefühl und Murat ließ sich von den Bässen den Bauch massieren. Sie entwickelten unterschiedliche Musikgeschmäcker.

Es war schon spät. Murat, der noch aus der Erinnerung

wusste, dass an diesem Ort die Musik immer sehr laut war, rief Rebekka zu, dass ihm die Bässe nicht gefielen. Rebekka gebärdete zurück, dass für sie Musik nicht nur aus Bässen besteht.

Murat rief gereizt, dass auch die Lightshow total daneben sei.

Rebekka gebärdete nun auch ein wenig gereizt, dass ihr das so was von scheißegal sei und er sie in Ruhe lassen solle.

Murat winkte ab, was Rebekka wegen des leichten Luftwirbels mitbekam.

Manchmal konnte man mit Rebekka einfach kein vernünftiges Gespräch führen.